Jochen Arntz und Holger Schmale

Wannsee

Jochen Arntz und Holger Schmale

Wannsee

An den Ufern deutscher Geschichte

HERDER

FREIBURG · BASEL · WIEN

MIX
Papier | Fördert gute Waldnutzung
FSC® C014496

www.herder.de

Satz: SatzWeise, Bad Wünnenberg
Herstellung: GGP Media GmbH, Pößneck
Umschlagmotiv: Unbekannter Künstler, Wannsee-Aquarell Nr. 18:
Blick über den Kleinen Wannsee nach Südwest
mit den Villen Begas rechts, Kyllmann und Ende am westlichen Ufer,
1890er Jahre © Galerie Mutter Fourage, Berlin

Printed in Germany

ISBN Print: 978-3-451-39931-2
ISBN E-Book (EPUB): 978-3-451-83299-4
ISBN E-Book (PDF): 978-3-451-83302-1

Inhalt

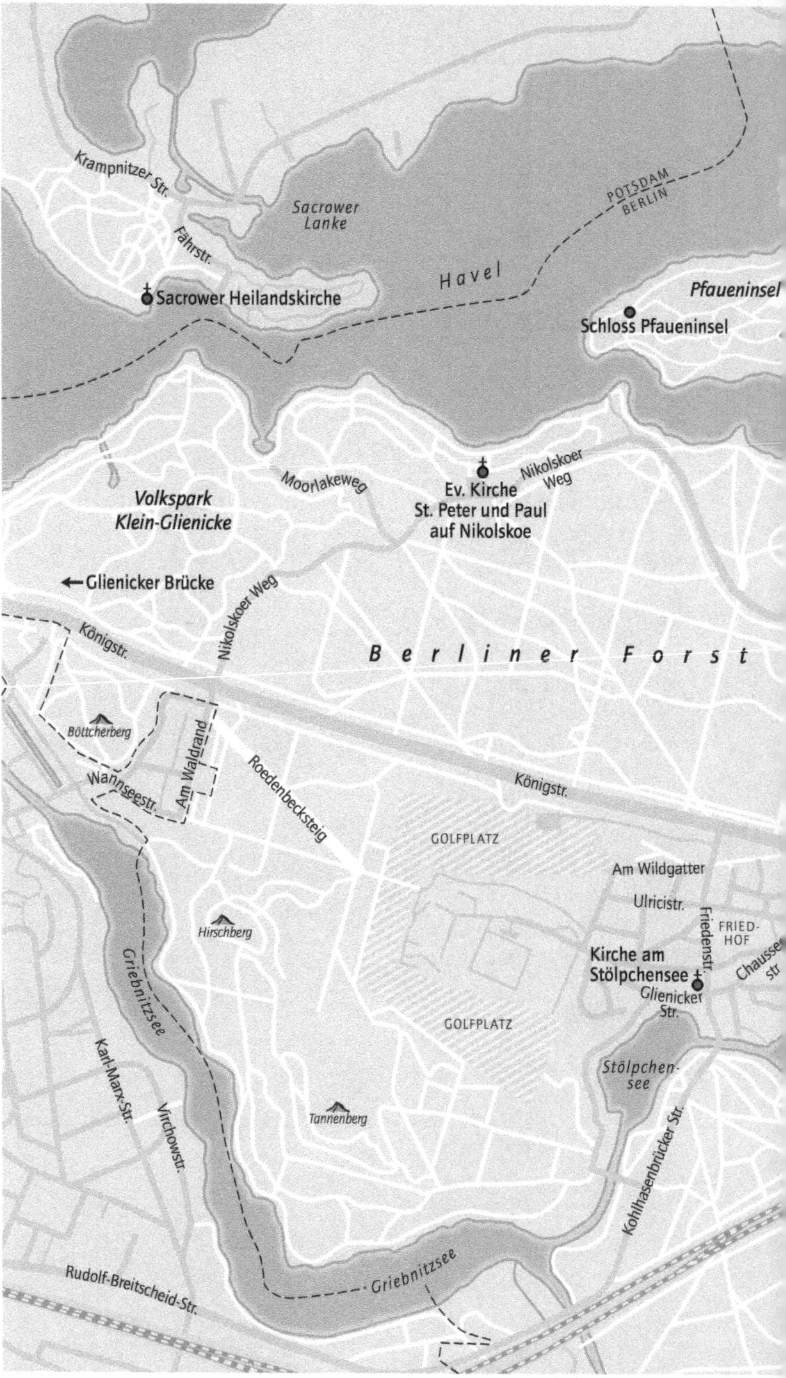

Krampnitzer Str.
Fährstr.
Sacrower Lanke
POTSDAM
BERLIN
Havel
Sacrower Heilandskirche
Pfaueninsel
Schloss Pfaueninsel
Moorlakeweg
Ev. Kirche St. Peter und Paul auf Nikolskoe
Nikolskoer Weg
Volkspark Klein-Glienicke
Glienicker Brücke
Nikolskoer Weg
Königstr.
Berliner Forst
Böttcherberg
Am Waldrand
Roedenbecksteig
Wannseestr.
Königstr.
GOLFPLATZ
Am Wildgatter
Ulricistr.
Friedenstr.
FRIED-HOF
Kirche am Stölpchensee
Chaussee-str
Glienicker Str.
Hirschberg
Griebnitzsee
GOLFPLATZ
Stölpchensee
Karl-Marx-Str.
Virchowstr.
Tannenberg
Kohlhasenbrücker Str.
Rudolf-Breitscheid-Str.
Griebnitzsee

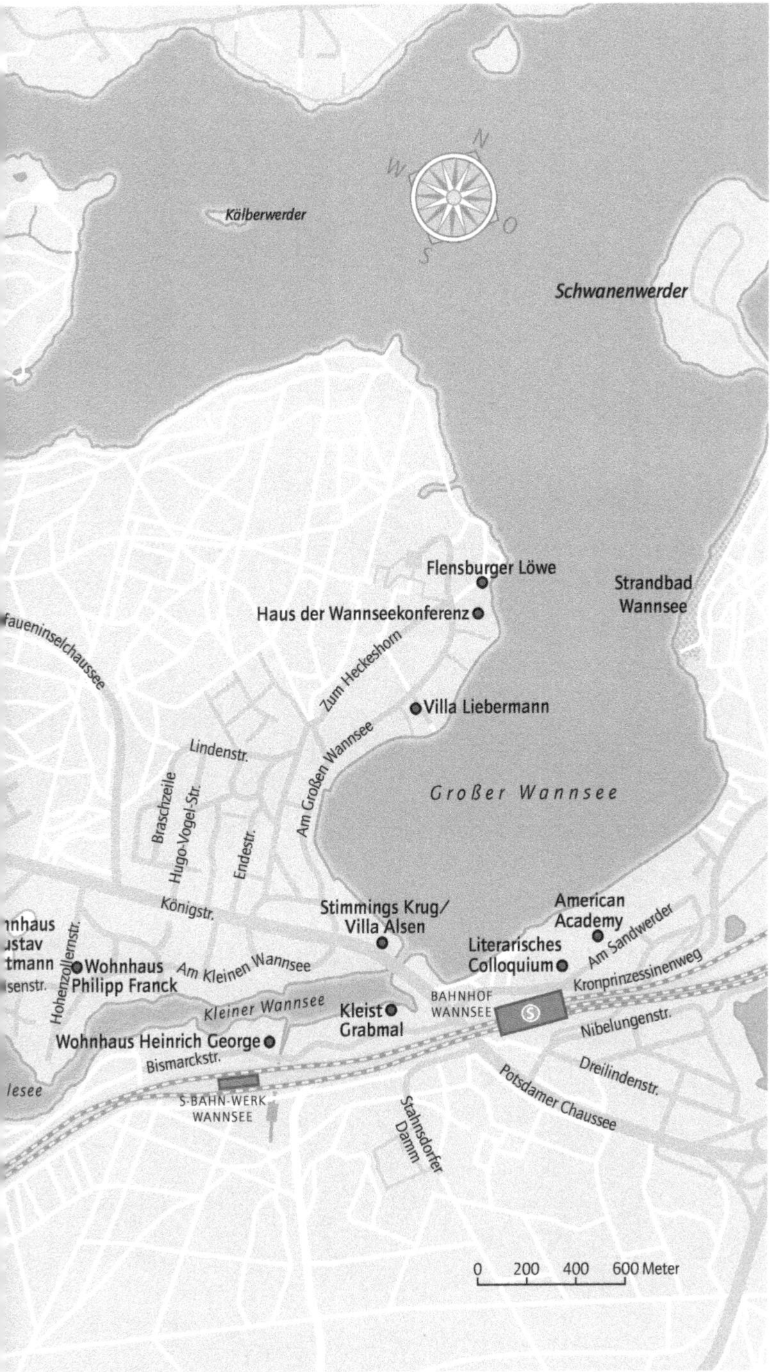

Kälberwerder
N
W
O
S
Schwanenwerder
Flensburger Löwe
Strandbad Wannsee
Haus der Wannseekonferenz
faueninselchaussee
Zum Heckeshorn
Villa Liebermann
Am Großen Wannsee
Lindenstr.
Braschzeile
Hugo-Vogel-Str.
Endestr.
Großer Wannsee
Königstr.
Stimmings Krug/ Villa Alsen
American Academy
Am Sandwerder
nhaus
ustav
tmann
Hohenzollernstr.
Wohnhaus Philipp Franck
Am Kleinen Wannsee
Literarisches Colloquium
Kronprinzessinenweg
senstr.
Kleiner Wannsee
Kleist Grabmal
BAHNHOF WANNSEE
Nibelungenstr.
Wohnhaus Heinrich George
Bismarckstr.
Dreilindenstr.
lesee
S-BAHN-WERK WANNSEE
Stahnsdorfer Damm
Potsdamer Chaussee
0 200 400 600 Meter

Kapitel 1
Der Mythos

„Nischt wie raus nach Wannsee"

Der Wannsee ist ein See im Südwesten Berlins, doch er ist weit mehr als das. So wie Weimar mehr als eine Stadt in Thüringen ist. Wenn Weimar ein Symbol für die erste deutsche Demokratie war und ist, dann steht der Wannsee für die dunkelsten und auch die leichtesten Kapitel der deutschen Geschichte. Hier wurde auf der Wannseekonferenz die Ermordung der europäischen Juden organisiert. Und hier wurde wenige Jahre später versucht, das alles schnell zu vergessen, mit einem Schlager, der die deutsche Nachkriegszeit prägte: „Pack die Badehose ein, nimm dein kleines Schwesterlein und dann nischt wie raus nach Wannsee …"

Folgen wir dieser Spur „raus nach Wannsee": An der Straße, die von der Autobahn, dem Ende der Berliner Avus, zum Wasser führt, stehen die Bootsanhänger wie stählerne Gerippe am Fahrbahnrand. Selbstverständlich sind die Anhänger leer an den drückenden Sommertagen, denn wer kann, ist mit seinem Boot auf dem See. Die Straße hin zum Wasser verjüngt sich ein wenig, bevor sie unter der S-Bahn-Brücke verschwindet, um ein paar Meter weiter wieder aufzutauchen und sofort in die Wannseebrücke zu münden, jenen vierspurigen Asphaltbogen, der sich von Ufer zu Ufer über eine schmale Stelle streckt und den See hier in den Großen und den Kleinen Wannsee teilt. Die Brücke ist von oben kaum als Brücke wahrnehmbar, eher als ein solides Stück Straße, das hineinführt in den Ort Wannsee. Im Auto und auch auf dem Fahrrad hat man die Brücke schnell hinter sich gelassen.

Doch es lohnt sich, zu Fuß in ihre Mitte zu gehen, dorthin, wo das verwitterte und leicht beschmierte Metallschild hängt, das ein paar erhabene Buchstaben und Zahlen trägt: „Wannseebrücke 1953–54". Heute, viele Jahrzehnte später, kann man noch erahnen, was die Brückenbauer damals gefühlt haben müssen, die Wiederaufbauer Berlins, keine zehn Jahre nach dem Ende des Zweiten Weltkriegs. Denn wenn man von der Wannseebrücke nach Norden auf den Großen Wannsee blickt, dann sieht die Welt plötzlich sehr in Ordnung aus, in welchem Zustand sie sich auch immer befindet.

Wo alles begann

Der Blick schweift über die weite Landschaft des Sees, das Panorama öffnet sich über quer schaukelnde Wellen hin zu den Landzungen in der Ferne und auf der rechten Seite hin zum großen Strandbad Wannsee. Diesem Bad, das dem See immer etwas Gelassenes und Heiteres gegeben hat, auch wenn die Zeiten gar nicht danach waren. Ein paar Segelboote liegen schräg im Wind, Ausflugsschiffe kreuzen träge ihre Spur, und auf einem kleinen Stück Rasen unter der Brücke sitzt eine Familie, das Picknick in der Tasche dabei. Eine schöne Momentaufnahme, mehr nicht.

Die Brücke ist auch der Ort, an dem die Geschichte des Ortes Wannsee, wie wir sie heute wahrnehmen, begonnen hat. Am westlichen Ende ihrer Vorgängerin baute die alteingesessene Stolper Gastwirtsfamilie Stimming Mitte der 1790er Jahre ihren Neuen Krug. Zu der Zeit ließ König Wilhelm II. die erste befestigte sogenannte Kunststraße zwischen dem Zentrum der preußischen Hauptstadt und der Residenzstadt der Hohenzollern, Potsdam, anlegen – eine fast geradlinige gepflasterte Chaussee, die von der Berliner Mitte über

Luftaufnahme des Wannsees

Schöneberg, Steglitz und Zehlendorf durch die Waldheide am Wannsee nach Potsdam führte. Die heutige Bundesstraße 1.

Stimmings Gasthof war in jenen Jahren das einzige feste Gebäude weit und breit. Am 20. November 1811 mietete sich ein Paar bei Stimming ein, um hier seine letzte Nacht zu verbringen. Am folgenden Tag erschoss Heinrich von Kleist seine todkranke Gefährtin Henriette Vogel auf einer kleinen Anhöhe auf der anderen Seite der Brücke am Kleinen Wannsee – der damals noch Stolpsches Loch hieß – und nahm sich dann selbst das Leben. Es war der erste Akt der bis heute währenden Historie Wannsees als mythischer Ort der deutschen Geistesgeschichte. Wenige Jahrzehnte später folgt ein zweiter, prosaischerer. Der Bankier Wilhelm Conrad kaufte 1863 den Gasthof, ließ ihn 1870 abreißen und an seiner Stelle die Villa Alsen errichten, den Nukleus der Villenkolonie am Wannsee.

Es war der Beginn einer Geschichte, die schon von vielen erzählt worden ist, und längst nicht von allen gleich. Denn die Geschichte und die Geschichten rund um den Wannsee tragen auch deshalb mythologische Züge, weil hier alles zusammenkam, immer wieder in den vergangenen Jahrhunderten. Hier wurde die Freiheit der Weimarer Republik gelebt, hier setzte der Nationalsozialismus seine mörderischen Marken. Hier wurde der Krieg in der Zeit danach in der einen Hälfte Deutschlands intellektuell bewältigt, hier trafen sich im Westen Berlins Intellektuelle, zum Beispiel die Schriftstellerinnen und Schriftsteller der Gruppe 47, die ausloten wollten, wie ein „Nie wieder" gelingen könnte. Hier wurde die Teilung des Landes spürbar, aber genau hier wurde auch die Wiedervereinigung gefeiert. Der Wannseestrand war immer zugleich ein Strand des proletarischen Berlins und ein Ufer der Eliten, die ihre Villen ans Wasser bauten. Auch das macht Mythen aus, es gibt keinen „richtigen" und keinen „falschen" Blick auf ihre Geschichte, es gibt die Erzählungen, die jeder schon einmal vernommen hat. Erzählungen, die Erinnerungen konstruieren, festigen und nicht vergehen.[1]

Man kann Gesellschaften über ihre Bräuche, ihre Sprache, ihre Architektur oder auch über ihre Musik, ihre Lieder erklären. Aber es gibt eben auch Orte wie den Wannsee, Topografien, an denen sich Geschichte besonders stark verdichtet hat, an denen gesellschaftliche Weggabelungen deutlich werden und wurden, die woanders nie so klar zutage getreten sind. Oft sind es Orte von besonderer Anziehungskraft, große Städte oder auch überwältigende Naturlandschaften. Am Wannsee kommt beides zusammen.

Und der Wannsee liegt nahe. Zumindest für die Berlinerinnen und Berliner. Die Station Wannsee ist die Endhaltestelle der S1, der Berliner Nord-Süd-Bahn. Verlässt man den Zug und betritt den kleinen Bahnhof, fühlt man sich unter der hohen Kuppel wie in einer Filmkulisse der 1920er und 1930er Jahre. Über den Eingangstüren ist das Relief eines Segelschiffs auf den Wellen des Wannsees eingelassen, ein durchaus erwartbarer Bildschmuck hier, einer aber, der nur die Oberfläche der mit dem Wannsee verbundenen Assoziationen abbildet.

Vor dem geistigen Auge erscheinen ja nicht nur Segelboote auf der blauen, von Villen und Wäldern umgebenen Wasserfläche. Sondern auch der Grabstein des Dichters Heinrich von Kleist. Viele sehen Männer, manche in Uniformen der SS, die sich um einen langgestreckten Sitzungstisch versammeln. Andere die Villa des Malers Max Liebermann und die Bilder seines prachtvoll blühenden Gartens am Seeufer. Wieder andere sehen die deftigen Zeichnungen Heinrich Zilles vom proletarischen Strandleben im größten Freibad Europas. Und dann vermischen sich diese Fantasien. Zurück bleibt der Eindruck eines besonderen Ortes, so eng mit der deutschen Kultur- und Gesellschaftsgeschichte verwoben wie wenige andere. Ein Mythos, der all die Bilder hervorruft, die man sich von diesem Land macht. Und der immer wieder auch eine überraschende Berliner Realität ist. Oben auf dem Schild der Wannseebrücke hat jemand einen Kreis um das A in „Wannsee" gemalt, so dass hier auf der Brücke etwas improvisiert das Zeichen der Anarchie leuchtet, das in West-Berlin in den 1970er und 1980er Jahren eines der beliebtesten Graffiti auf den Häuserwänden war. Und wer weiß schon noch, dass die Gedenk- und Bildungsstätte Haus der Wannseekonferenz genau das über lange West-Berliner Jahrzehnte gar nicht war? Die Villa, in der die Organisation des Völkermordes geplant wurde, diente noch bis in die späten 1980er Jahre hinein dem Berliner Bezirk Neukölln als Schullandheim. So, als wäre nichts gewesen.

Geht man über eine weit geschwungene Treppe zum Ufer hinab und steht dann unter der Wannseebrücke, ist der Blick gleich ein anderer als in die Weite, die sich oben gezeigt hat. Die breiten Betonpfeiler der Brücke sind mit grellen Graffiti überzogen, einer nach dem anderen. Am gegenüberliegenden Ufer, direkt vor der Böschung, haben sich Berliner Obdachlose eine wettergeschützte kleine Zeltkolonie eingerichtet; sie leben tatsächlich unter der Brücke, kaum beachtet von den Tausenden, die diese jeden Tag ein paar Meter über ihnen passieren. Es ist dieses Berliner Nebeneinander, das auch den Wannsee prägt. Und nicht jeder schaut unter die Brücken.

Der umwaldete See liegt am Rand einer der dynamischsten Städte Europas, und er ist für viele ein besonders idyllischer Ort. Der Wannsee ist ein perfekter Platz für Menschen, welche einerseits die moderne Stadt prägen wollen, andererseits privilegiert genug sind, an ihren schönsten Rändern zu leben: Maler, Politiker, Künstler, die ohne die Stadt nicht können, es sich aber auch leisten können, den alltäglichen Zumutungen der Metropole zu entfliehen. Das gilt am Wannsee übrigens auch für die kleinen, die stundenweisen Fluchten der Arbeiter aus der Mietskasernenstadt im frühen 20. Jahrhundert.

Und es gilt noch heute. Berlin, die Stadt, die von den 1960er Jahren bis in die 1980er Jahre in einem Metropolenschlaf lag, wurde gleich nach dem Mauerfall wieder so unberechenbar und laut wie in den 1920er Jahren. Alles war im Umbruch, die einzige Kontinuität war der Wandel. Aber wer es als Künstler, Fernsehstar, Politiker oder Verleger geschafft hatte, am Wannsee zu wohnen, der konnte auch die letzten Jahrzehnte der Umbrüche Berlins vom sicheren, stillen Ufer aus beobachten – und sie trotzdem prägen. In dem Bewusstsein, an einem Ort zu leben, an dem immer schon Geschichte geschrieben wurde, weil die Ufer des Sees jeder Weltanschauung ein Panorama der Erhabenheit boten. Weil jeder, der im gesellschaftlichen Leben Berlins etwas auf sich hielt und hält, hier eine repräsentative Rückzugsadresse haben wollte. Das macht den See in der Nähe der Hauptstadt, in der Nähe der Macht so besonders. Wem hier ein Stück vom Ufer gehört, der hat eben meist auch Macht und Bedeutung, und sei es nur gefühlte.

Romane, Songs und Sehnsucht

Der Wannsee ist auch für Amerikaner, Briten und Franzosen ein Mythos, ein deutscher Mythos, im Guten wie im Bösen. Filme und Bücher, Comics, Thriller und Romane beschwören die Geschichte und die Geschichten des Sees. Robert Harris' berühmter Krimi *Fatherland*, der ein siegreiches nationalsozialistisches Deutschland beschreibt, nimmt an den Ufern des Wannsees seinen Anfang. Auch heute noch wird der Wannsee besungen, von den Toten Hosen und den Ärzten, ein Sehnsuchtsort selbst für die, die ihn sich nicht leisten können, immer noch.

Der See ist ein Ort vieler biografischer Erinnerungen. Der Verleger und Schriftsteller Michael Krüger hat seiner Kindheit und Jugend am Wannsee in einer sehr persönlichen Erzählung nachgespürt, nach gut siebzig Jahren. *Das Strandbad* hat er sein Buch genannt.[2] Aber selbstverständlich geht es um mehr als um das Strandbad Wannsee, Krüger taucht tief in die deutsche Geschichte ein. Mit einer großen Zugewandtheit gegenüber den Menschen in ihren Zeiten erzählt Krüger von den Jahren nach dem Krieg und den Momenten im weißen Sand des Strandbads, „der mit keinem Sand der Welt zu vergleichen ist".

Der Wannsee ist Erinnerung und Projektionsfläche zugleich. Auch Hari Kunzru, einer der wichtigen zeitgenössischen britischen Autoren, gibt dem Wannsee in seinem Roman *Red Pill* einen großen Auftritt; der Amerikaner Jonathan Lethem tut das Gleiche in seinem Thriller *Anatomie eines Spielers*. Die

Geschichte des Wannsees wird also weitergesponnen, besungen und vereinnahmt für die großen Geschichten, nicht nur in Deutschland. Dabei ist die besondere historische, politische und kulturelle Bedeutung dieses Ortes noch nie zusammenhängend erzählt worden. Das verwundert umso mehr, als der Wannsee schon immer ein Anziehungspunkt für besondere Menschen war, für Große, aber auch für Größenwahnsinnige.

Heinrich von Kleist und Max Liebermann, Adolf Eichmann und Claus Schenk Graf von Stauffenberg, Melitta Schenk Gräfin von Stauffenberg, Arnold und Hermann von Siemens sowie Cornelia Froboess, Henry Kissinger und Willy Brandt – Persönlichkeiten aus zwei Jahrhunderten, Menschen, die für Abgründe und Verbrechen ebenso stehen wie für geniale Erfindungen, für große Kunst wie für harmloses Vergnügen, für kaltblütige Politik wie für mutige Visionen.

Sie alle sind verknüpft durch diesen Ort, der wie wenige die Schrecken der jüngeren deutschen Geschichte mit ihren idyllischen Seiten verbindet. Wo Max Liebermann in seiner Sommervilla hinreißende Gemälde der klassischen Moderne schuf, während am Seeufer gegenüber Heinrich Zille das Strandleben der einfachen Berliner Familien porträtierte. Und wo auch die kleine Gedenkstätte am Grab des Heinrich von Kleist immer wieder umgestaltet wurde, je nach politischen und gesellschaftlichen Opportunitäten.

Ende des 19. Jahrhunderts entstanden hier im Südwesten Berlins die Villenkolonien des in der Gründerzeit wohlhabend gewordenen Großbürgertums. Hier wuchs eine neue, von den Reichen und Mächtigen geprägte Kulturlandschaft, die ihresgleichen im Deutschen Reich und auch noch der Weimarer Republik suchte. In den ersten Jahren des Dritten Reichs lebten hier Opfer und Täter der Nazidiktatur oft noch Tür an Tür, bis die neuen Machthaber die jüdischen Nachbarn vertrieben und ihre Häuser und Grundstücke raubten. Auf der Wannseeinsel Schwanenwerder ließ sich Propagandaminister Joseph Goebbels nieder, zeitweise auch der Hitlervertraute Albert Speer. Während 1944 vom Hochbunker Heckeshorn am Wannseeufer die Luftverteidigung der Hauptstadt befehligt wurde, entwickelten wenige Kilometer entfernt, in der Tristanstraße, Oberst Stauffenberg und seine Mitverschwörer ihren Attentatsplan auf Hitler. Sie segelten auch gemeinsam auf dem Wannsee – es war die sicherste Methode, möglichen Abhörversuchen der Gestapo zu entgehen.

Auch nach dem Krieg blieb der Wannsee ein Brennpunkt der Politik. Nun richtete der amerikanische Oberbefehlshaber General Dwight D. Eisenhower auf Schwanenwerder sein Hauptquartier ein. Das mochte nicht unbedingt praktisch sein, doch besaß dieser Ort in der Nähe der Villen der besiegten Nazigrößen eine starke Symbolkraft. Später lebte hier der Verleger Axel Springer, während sich von seinem Haus am nahen Schlachtensee der Regierende Bürgermeister Willy Brandt auf den Weg in die große Politik und das Bundeskanzleramt machte.

Zu jener Zeit passierten täglich tausende West-Berliner den Ortsteil Wannsee, um über den Kontrollpunkt Dreilinden auf die Transitautobahn durch die DDR Richtung Westen zu gelangen. Für den ungehinderten Telefonverkehr zwischen West-Berlin und der Bundesrepublik sorgte derweil der 1964 auf dem Schäferberg errichtete Fernmeldeturm. Mit 212 Metern ist er bis heute eine von fast jedem Punkt am Wannsee sichtbare Landmarke der deutschen Teilung. Die Weltgeschichte kehrte bis in die 1980er Jahre ab und an zurück, wenn die USA und die Sowjetunion auf der Glienicker Brücke nach Potsdam ihre Spione austauschten. Der erste beziehungsweise letzte Ort im Westen war für sie stets Wannsee.

Und noch heute verkauft der kleine Kiosk gegenüber der S-Bahn-Station Wannsee die große Geschichte klein aufbereitet. In dem Ständer vor dem Kiosk sind sie alle zu sehen, die Postkarten, die Berlins Schicksal erzählen, vom Bild des Schildes „Achtung! Sie verlassen jetzt West-Berlin" bis hin zum kitschigen Gemälde eines Trabants, der im Flug die Mauer durchbricht. Die ganze Folklore, welche die deutsche Teilung auf ewig illustriert. Aber wo, wenn nicht hier am Wannsee, sollte man sich ein Stückchen Erinnerung mit nach Hause nehmen?

Ein Spiegel der Gesellschaft

Wenn man vom Kiosk gegenüber der S-Bahn in Richtung der Wannseebücke läuft, kurz davor Richtung Wasser rechts abbiegt und bis an den See geht, dann steht man plötzlich vor den großen Schiffen. Es sind die Ausflugsboote des Reederverbands der Berliner Personenschifffahrt und der Reederei Stern und Kreis. Sie tragen große Namen wie Roland von Berlin und Wappen von Spandau. Ihre Touren heißen „Weltkulturerbefahrt" oder etwas kleiner „Preußische Kulturfahrt", so weit, so normal. Doch neben den Touristenschiffen liegt hier an der Anlegestelle auch die MS Goldberg, das „Jüdische Kulturschiff".

Seit dem Jahr 2022 gibt es das Theaterschiff, es ist ein umgebauter Sand- und Kiestransporter, der 1964 in der DDR vom VEB Elbewerft Boizenburg gebaut wurde. Heute liegt das Kulturschiff mal in Spandau in seinem Heimathafen, mal am Wannsee, mal ankert es auch in der Berliner Mitte, am Schiffbauerdamm. Und wo immer es ist, hat es eine Mission: Auf der Bühne des Schiffs wird jüdische Kultur, Theater und Musik, lebendig gehalten. Selbstverständlich ist der Ankerplatz hier am Wannsee, nur wenige hundert Meter entfernt vom Haus der Wannseekonferenz, auch als ein Statement auf dem Wasser zu verstehen.

Die ganze Symbolkraft des Ortes findet sich auch im Wirken der American Academy wieder, die sich in einer alten Villa der Pflege der deutsch-amerikanischen Freundschaft widmet, nur ein paar Schritte entfernt von Ankerplatz der MS Goldberg. Über die Jahre sind mit ihrem Stipendiatenprogramm viele bedeutende Schriftsteller und Wissenschaftler der USA zu Gast in dem weitläufigen Anwesen am See gewesen, das einst der jüdischen Bankiersfamilie Arnhold gehörte.

Hier leben und arbeiten immer wieder diejenigen, die den Mythos und die gesellschaftliche Bedeutung des Sees am Rande eines politischen Machtzentrums erklären können und wollen. Und die die wechselvolle Geschichte im Blick haben, über die Ufer des Sees und auch des Atlantiks hinweg. In der American Academy schrieb George Packer einen Teil seiner großartigen amerikanischen Geschichte *Die Abwicklung*, die den Europäern schon vor Trump hätte zeigen können, dass jemand wie dieser Präsident kommen könnte. Der Wannsee, er ist auch ein hervorragender Ort zum Nachdenken über die Welt.

Hier in der Villa am Sandwerder wird der Henry-Kissinger-Preis an verdienstvolle Akteure der deutsch-amerikanischen Beziehungen vergeben, die amerikanische Botschaft feiert in der Academy am Wannsee immer wieder mit hunderten von Gästen den amerikanischen Nationalfeiertag an deutschen Ufern. Die alte Villa selbst hat von 1885 bis heute alle Wechselfälle, Tragödien und Aufbrüche in der deutschen Geschichte erlebt. Es gibt wohl wenige Orte auf der Welt, wo einst Joseph Goebbels zu Festen eingeladen war und Jahrzehnte später Prince als DJ auf dem Parkett stand, wie es die amerikanische Historikerin Monica Black in einem Essay zur American Academy subsumierte.[3]

Das Literarische Colloquium und das Gästehaus der Bundesbank sind zwei weitere Institutionen an diesem Seeufer, die der kulturellen und der politisch-ökonomischen Reflexion der gesellschaftlichen Verhältnisse in stürmischen Zeiten verpflichtet sind. Somit bleibt Wannsee ein Ort, der fest eingebunden ist in die großen Debatten über die Zukunft der westlichen Demokratien, die heute so umkämpft ist wie seit Jahrzehnten nicht mehr. Ein Schicksalsort der Deutschen, dessen ganze Geschichte bisher so noch nie erzählt wurde.

Diese zu verfolgen, nehmen wir uns mit diesem Buch vor. Unsere Wannseegeschichte folgt in ihrer Erzählung keiner strengen Chronologie, sondern betrachtet thematische Komplexe, verknüpft Sozial-, Wirtschafts- und Kulturgeschichte und vermittelt so eine vielfältige Sicht auf einen kleinen Ort am Rande Berlins, der einen Platz in der Weltgeschichte für sich behaupten kann. Aktuelle Ortsbesichtigungen und Gespräche mit Zeitzeugen verknüpfen die Geschichte dabei immer wieder mit der Gegenwart.

Das alles mündet in die Erzählung einer besonderen gesellschaftlichen Topografie in bester Lage: So wie in den 1920er und 1930er Jahren lässt sich auch heute am Wannsee einerseits wieder ein Bild der neuen Berliner Elite gewinnen, was sich an zahlreichen Zugezogenen am See verdeutlichen lässt. Andererseits lässt sich genau wie damals auch wieder erkennen, wer der großen Stadt nur stundenweise entfliehen kann und das nicht nur im restaurierten Strandbad versucht.

Der Wannsee ist und bleibt ein Spiegel der besonderen Gesellschaft Berlins, der Gesellschaft der alten und der neuen Hauptstadt Deutschlands. Es lohnt sich, in diesen Spiegel zu schauen, um das Gesicht Berlins zu sehen – und die Zeugnisse der deutschen Geschichte, die wie Sedimente im See erkennbar werden: an einem Ort, der die Spuren der Macht und des Idyllischen wie kaum ein anderer vereint.

Kapitel 2
Die Anfänge

Mit „Lobe den Herrn" beginnt der Tag

Der gepflasterte Dorfplatz liegt menschenleer und beschaulich im Schein der Mittagssonne. Es herrscht eine friedliche dörfliche Stille über Stolpe, bis plötzlich ein mächtiges Läuten vom Turm der Kirche einsetzt, die auf einer kleinen Anhöhe über dem Platz liegt. Es folgt ein Choral: „Lobe den Herrn". Seit den 1930er Jahren verfügt die Kirche über ein in Berlin einzigartiges Spielwerk aus 18 Glocken, die von einer mächtigen eisernen Walze gesteuert werden. Auf ihr können in 240 Reihen mit 8640 Löchern Notenstifte eingeschraubt werden, die über die Uhr die Spielglocken anschlagen lassen. Passend zum Kirchenjahr werden die Choräle gewechselt, aber auch Papagenos Lied aus Mozarts *Zauberflöte* ist im Programm. Nur die beiden Lieder *Lobe den Herrn* und *Üb immer Treu und Redlichkeit* erklingen das ganze Jahr über. Damit beginnt das Glockenspiel jeden Morgen um acht Uhr. Es ist ein opulentes Klangerlebnis, das nicht recht zu der dörflichen Szenerie am Rande Berlins passen will.

Andererseits befinden wir uns am Ursprungsort jener Gemeinde, die heute unter dem Namen Wannsee einen weltweiten Klang hat. Da mag es dann doch wieder stimmen. Und so machen wir uns von hier aus auf, die Geschichte des Ortes Wannsee zu erkunden. Was sind seine Ursprünge, seine Brüche, seine Bedeutung, die doch weit über die Rolle eines hübsch gelegenen Vororts der Millionenmetropole hinausweist?

Wenn auf dem Dorfplatz unter einer prächtigen, uralten Eiche keine Autos parken würden, könnte man sich hier in das 19. Jahrhundert zurückversetzt fühlen. Die wichtigsten Häuser mit ihren Sandsteinfassaden aus dieser Zeit sind liebevoll restauriert, und in das alte Gasthaus, das in den 2010er Jahren lange leer stand, ist wieder eine Wirtschaft mit dem schönen und passenden Namen Zum grünen Baum eingezogen. Seit 1874 wird hier Gastlichkeit gepflegt. Das alte Schulhaus neben der Kirche wartet in einem prächtigen Blumengarten auf Besucher der Seniorengruppe, und schräg gegenüber hat ein Architektenbüro bei der Restaurierung seines historischen Gebäudes gezeigt, dass es nicht nur Neubauten entwerfen kann. Eine Tafel an der Mauer des Gasthauses nennt die Namen der Firmen und der Bürger des Initiativkreises, auf den die Sanierung des Platzes zurückgeht. Die gegenüber liegende, in den 1970er Jahren entstandene moderne Wohnanlage wird gnädig von den Blättern der auf dem Grundstück erhalten gebliebenen alten Laubbäume verdeckt. Wenn freitags die Händler des Wochenmarktes ihre Stände rund um die Eiche aufbauen, entsteht schnell wieder eine dörfliche Marktatmosphäre, wie sie vor 150 Jahren nicht so viel anders gewesen sein wird. Und wenn es dunkel wird, werfen die von Schinkel entworfenen Straßenlaternen ihren warmen Schein auf das Kopfsteinpflaster.

Im Umfeld dieses Dorfplatzes, der nach dem Tod Kaiser Wilhelms I. 1888 in Wilhelmplatz umbenannt wurde, ließen sich die ersten slawischen Siedler nieder, wahrscheinlich lange vor der ersten urkundlichen Erwähnung von Stolpe 1299. Sie lebten vom Ackerbau und dem Fischfang in der Havel. Die Herkunft des Namens Stolpe ist umstritten, er bedeutet wohl so viel wie Pfahl oder Pfosten. Im Brandenburgischen gab und gibt es viele Orte mit diesem Namen. Sie liegen meist an Gewässern, an denen man Pfähle für Stege und zum Festmachen von Booten brauchte oder einen Palisadenzaun als Grenzbefestigung errichtete. Nach den Schilderungen des Großmeisters in der Erforschung brandenburgischer Geschichten, Theodor Fontane, ist dieses Stolpe das älteste heute noch existierende Dorf der Region. Es bestand durch die Jahrhunderte ohne bemerkenswerte Entwicklungen; der Dreißigjährige Krieg traf Stolpe dann besonders schwer. Es musste nicht nur verheerende Plünderungen der schwedischen und kaiserlichen Truppen ertragen, auch die Pest kostete viele Menschenleben. 1618 wurden in dem Dorf neun Bauernstellen gezählt, nach dem Krieg gab es nur noch einige Kossäten, Landarbeiter oder Fischer ohne eigenes Land.

Erste Privilegien

Dann begann ein bescheidener Aufschwung, der Mitte des 18. Jahrhunderts einen bemerkenswerten Höhepunkt erreichte: 1764 beantragten die zehn Stolper Kossäten bei der königlich-preußischen Regierung, die von ihnen bearbeiteten Ländereien und die Fischereirechte als Eigentum übernehmen zu können. Fünf Jahre später entschied Friedrich der Große: „Die Stolper Bauern sollen freie Eigentümer sein." – 40 Jahre, bevor in Preußen die Leibeigenschaft aufgehoben wurde.[1] Auf diesen Erlass gründet bis heute das Eigentumsrecht der Nachkommen der einstigen Stolper am Stölpchensee. Es wird von einer Eigentümergemeinschaft verwaltet, die Herrin über die Stege und Uferbefestigungen sowie die Angelrechte ist. Es ist eine in Berlin einmalige Konstruktion, die zahlreiche von staatlichen Stellen über die vergangenen 250 Jahre unternommene Eingriffsversuche überdauert hat. Und ein erster Hinweis darauf, dass die hiesigen Einwohner sich schon vor Jahrhunderten darauf verstanden, Privilegien zu erwerben und zu erhalten.

Im 19. Jahrhundert explodierte die Einwohnerzahl dann förmlich – von 139 im Jahre 1801 auf 1717 im Jahr 1895. Die meisten wohnten nun aber außerhalb des alten Dorfkerns. Der enorme Zuwachs resultierte vor allem aus der Gründung der „Colonie Alsen“, deren neue Häuser beiderseits der Königstraße entstanden. Sie ging auf eine Initiative des Berliner Bankiers Wilhelm Conrad zurück, der 1863 den Gasthof Stimmings Krug an der Wannseebrücke mit umfangreichem Landbesitz erwarb und den Plan entwickelte, auf dem zu Stolpe gehörenden bewaldeten Gelände eine höchst exklusive Villenkolonie entstehen zu lassen. Sein zunächst abenteuerlich anmutender Plan erwies sich als Volltreffer, denn er bediente das Bedürfnis zahlreicher vermögender Berliner, der expandierenden, immer enger und lauter werdenden Großstadt zumindest für die Sommermonate zu entfliehen und doch in der Nähe ihrer Geschäfte zu bleiben. Die Kolonie entwickelte sich zu einem außergewöhnlichen gärtnerischen und architektonischen Gesamtkunstwerk, auf dessen Entstehung und Bedeutung für das gesellschaftliche Leben Berlins wir im folgenden Kapitel ausführlich zurückkommen.

Das Jahr 1898 brachte einen entscheidenden Einschnitt. Das bisherige Dorf Stolpe schloss sich mit der auf seinem Gebiet liegenden Villenkolonie sowie einigen weiteren Ortsteilen wie Kohlhasenbrück, Steinstücken und der Pfaueninsel zum neuen Ort Wannsee zusammen. Das entsprach den Wünschen der wohlhabenden Neubürger um den Investor Wilhelm Conrad, die ihre ursprünglichen Sommerresidenzen zunehmend als ganzjährigen Wohnsitz nutzten. Wannsee hatte da doch einen ganz anderen Klang als Stolpe, zumal es noch 62 andere Orte mit diesem Namen in Deutschland gab, was im Post- und Reiseverkehr häufig zu Verwechslungen führte.

Die Bürger Wannsees werden Berliner

Die stürmische Entwicklung ging indes weiter: 1917 belief sich die Einwohnerzahl von Wannsee auf 5000 Personen. Wenig später wurden aus ihnen (wieder) Berliner: Aus ihrer Landgemeinde im brandenburgischen Landkreis Teltow wurde im Zuge des Groß-Berlin-Gesetzes 1920 ein Teil der deutschen Hauptstadt und ihres Bezirks Zehlendorf, der 2001 im neu gebildeten Bezirk Steglitz-Zehlendorf aufgehen sollte. Postalisch blieben die Berliner Neubürger allerdings noch eine Weile Brandenburger, wie der Heimatforscher Christoph Janecke in seinen Aufzeichnungen notiert hat: „Verrückte Welt! Das hat zur Folge, dass z. B. ein Brief an das zuständige, nah gelegene Berlin-Zehlendorfer Bezirksamt, Fernverkehrsporto in Höhe von 12 Pf. kostet. Schicken wir jedoch Post in die Stadt Potsdam oder nach Drewitz, also ‚nach außerhalb', bedarf es nur einer 8-Pf.-Briefmarke."[2]

Bereits im 15. Jahrhundert dürfte die erste kleine Fachwerkkirche am Standort der heutigen Kirche entstanden sein. Mitte des 19. Jahrhunderts war sie dermaßen baufällig, dass die Potsdamer Aufsicht sie 1854 wegen Einsturzgefahr sperren ließ. Zuvor schon waren die Glocken gesprungen, was zu Unregelmäßigkeiten bei den Gottesdiensten führte – die wenigsten Stolper dürften damals Uhren besessen haben, wie Georg Brasch in seinem *Wannseebuch* anmerkt. Nun mussten die Gottesdienste im benachbarten Schulhaus stattfinden. Die Behörden planten einen bescheidenen Neubau, doch das passte König Friedrich Wilhelm IV. nicht, der nicht nur Landesherr, sondern auch Kirchenpatron in Potsdam war. Er war seit einer Italienreise als Kronprinz von der Sehnsucht besessen, sein Umfeld architektonisch nach diesem Vorbild zu prägen. In Stolpe sah er nun die Chance, ein solches Bauwerk mit einer optischen Fernwirkung in die brandenburgische Landschaft zu setzen. Er beauftragte den Schinkelschüler Friedrich August Stüler mit einem neuen Entwurf für die Kirche, der weitgehend seinen eigenen Vorstellungen und Skizzen folgte. Die erheblichen Mehrkosten wurden aus der königlichen Schatulle beglichen.

Während das 1859 geweihte, gediegene Bauwerk damals in deutlichem Kontrast zu dem dörflich-ärmlichen Umfeld aus Bauernkaten, Fischerhütten und Wiesen stand, entfaltete es eine überragende architektonische Wirkung, die bis heute Bestand hat. Der Blick über den See auf Stolpe wird auch heute, über 150 Jahre später, noch von dem mächtigen Vierungsturm beherrscht, der auf eine Idee des Königs zurückgehen soll. Schon Fontane stellte anerkennend fest, „dass der Turm in der Landschaft eine gute Wirkung hat". Dem konnten auch die modernen Bauten fragwürdiger architektonischer Qualität am Seeufer aus späteren Jahrzehnten nichts anhaben. Ähnliches gilt für die in der Umgebung von Wannsee liegenden Kirchen von Sacrow und Nikolskoe, die ebenfalls die Handschrift des königlichen Amateurarchitekten Wilhelm IV. tragen.

Das Land Berlin stellte die Kirche 1971 unter Denkmalschutz. „Wie von König Friedrich Wilhelm IV. gewollt, dominiert die Dorfkirche den Ort. […] Sie dominiert nicht nur, gleichsam einem Münster, über alle Alt- und Neubauten, sondern auch die Uferzone des Stölpchensees wird weithin von ihr beherrscht", heißt es dazu in der Denkmaldatenbank. „Mit den umgebenden Natursteinmauern, Toren und Treppen entstand ein kleiner, landschaftsbezogener Pfarrbezirk, von dem ein eigener romantischer Reiz ausgeht."[3]

Der Maler Philipp Franck hat einen anschaulichen Bericht über die Entwicklung Stolpes um die Jahrhundertwende hinterlassen. Als der damalige Lehrer der Königlichen Kunstschule zu Berlin im Jahre 1890 in Potsdam wohnte und oft mit dem Zug nach Berlin fuhr, habe er im Vorüberfahren zwischen den

Kirche am Stölpchensee

Bahnstationen Neubabelsberg und Wannsee auf der linken Seite durch eine Lichtung des Kiefernwaldes hindurch ein idyllisches Dorf an einem See gesehen, notierte er in einem Beitrag für das *Wannseebuch* von Georg Brasch.

Der Arzt und zeitweilige Gemeindevorsteher von Wannsee hat mit seinem als „Heimatbuch" bezeichneten Werk 1926 ein erstes literarisch-künstlerisches Denkmal für seinen Ort gesetzt. „Es will den Begriff ‚Wannsee' in Wort und Bild umreißen", schrieb er im Vorwort. „Denen, die Wannsee kennen, will es ihr Wissen und ihre Liebe vertiefen. Denen, die es nicht ernsthaft kennen, will es ein Mittler sein zu besserem Kennenlernen."[4] Und so wird uns dieses liebevoll gestaltete Buch, das ein von Max Liebermann gezeichnetes Titelbild schmückt, begleiten bei dem ganz ähnlichen Unterfangen dieses Werks, fast einhundert Jahre später.

Der Impressionist und Dorfmaler Philipp Franck

Doch zurück zu Philipp Franck und seiner Beschreibung: „Alles atmete Frieden, kaum ein Mensch war zu sehen. Nur dann und wann strich ein kleiner Kahn lautlos über das Wasser, in dem ein Fischer schweigend ein Netz auswarf und wieder einzog. Das war das Dörfchen Stolpe."[5] Franck entschloss sich, dieses „Glück im Winkel" näher kennenzulernen. Er stieg in Wannsee aus der Bahn und wanderte die Königstraße in Richtung Potsdam zurück, bis er an einem Meilenstein die Chausseestraße erreichte und links nach Stolpe abbog. So „gelangte man an der offenen Schmiede mit dem immer lodernden Feuer vorbei zu der vom Schinkelschüler Stüler erbauten alten Kirche. Blickte man von hier aus die Dorfstraße entlang, so sah man an beiden Seiten aneinander gereiht alte Fischerhütten stehen, alle mit großen Strohdächern gedeckt, im Frühling getaucht in Obstblüte und blauen Flieder. Der untere Rand der Dächer reichte bis zur Brusthöhe eines Mannes herab. Die Sonnenblumen reichten aber natürlich viel höher, so dass sie mit dem strahlenden Gelb sich von dem fahlvioletten alten Stroh gleich wirklichen Sonnen abhoben."

Der Maler mit seinem wachen Blick für Farben, Formen und Stimmungen schwelgt über blühende Rosenstöcke, Veilchen, Iris und Feuerlilien, „die entzückendsten Blumen" in den Bauerngärten. Dazu uralte Kastanien und Linden mit mächtigen Kronen und schließlich die Bienenhäuser unter den Fliederbüschen um das Schulhaus, „im Frühling war dies ein blaues Meer, das sich von der Kirche aus zu dem nahen Dorffriedhof fortsetzte". Franck resümierte: „Ja, für den Maler war das alte Stolpe eine Fundgrube!"

Die Werke des Impressionisten und Mitbegründers der Berliner Secession an der Seite Max Liebermanns künden davon: farbenfrohe Gemälde aus dem Leben der Bürger von Stolpe, ihrer Gärten, ihrer Kinder. Aber in dem Text für das 1926 erschienene *Wannseebuch* zog er eine ernüchterte Bilanz: „Wohin ist alle diese Herrlichkeit geschwunden? Das alte Dorf Stolpe ist nicht mehr." Die Hütten wurden abgerissen oder verloren ihre Strohdächer. „Die Bauern bauten sich hohe Häuser, mit geschmacklosem Stuck verziert. Sie konnten es sich ja leisten. Die neuen Häuser waren viel zu groß, sie drückten auf die Landschaft und machten den See klein." Die schönsten Bäume seien gefällt, ein malerisches Motiv nach dem anderen verschwunden, klagte der Künstler. „Heute ist das ehemalige Stolpe ein Vorort, wie Berlin viele aufzuweisen hat. Das Idyll von einst ist vorüber." Doch Philipp Franck ist kein Melancholiker: „Über dem großen Wannsee aber ziehen die Wolken in alter Pracht. Der Sport blüht. Die weißen Segel blähen sich. Die Rosen im Arnholdschen Garten leuchten. Andere Zeiten! Andere Herrlichkeit!"

Als diese Zeilen erschienen, war Philipp Franck längst selbst nach Stolpe gezogen, das inzwischen Wannsee hieß und von der feinen Villenkolonie Alsen geprägt wurde. Er lebte mit seiner Familie seit 1906 in einer bis heute erhaltenen Villa in der Hohenzollernstaße am Rande der Kolonie und malte nun auch das exklusive Leben in den Gärten der Reichen. Franck wohnte dort bis zu seinem Tod 1944, eine Berliner Gedenktafel an seinem Haus erinnert an ihn. Seine zweite Ehefrau, Martha, emigrierte nach dem Krieg nach England, wo sie zu ihrem Sohn und dessen jüdischer Ehefrau zog. Im Jahr zuvor hatte sie noch zwei dicke Mappen mit Aquarellen ihres Mannes vor Bombenangriffen in Berlin in Sicherheit gebracht, indem sie sie in die Obhut einer befreundeten Familie in Darmstadt gab. Deren Sohn brachte sie 1948 nach London und gab sie der Familie zurück.

Ein Grab wie ein Geschichtsbuch

Nicht weit entfernt von der Hohenzollernstraße liegt der Friedhof von Stolpe. Anders als in vielen Dörfern ist er nicht um die Kirche herum angelegt, sondern etwas oberhalb vom Dorfkern. Dort findet sich das Grab von Philipp Franck, das seit 2001 als Ehrengrab der Stadt Berlin gewidmet ist. Blumen, Büsche und Sträucher wuchern im Sommer 2023 auf dem Grab wild durcheinander und verdecken zum Teil die Grabplatten in der mannshoch aus Ziegeln gemauerten Anlage. Es sieht fast wie ein Gegenentwurf zu den sorgfältig gepflegten Gartenlandschaften der Villen Wannsees aus, die Franck so gern gemalt hat. Zwei plastisch gestaltete weiße Engel über einem grünen Fliesenschmuck bilden den optischen Mittelpunkt. Darunter sind zwei Marmorplatten mit den Lebensdaten von Philipp Franck und seiner ersten, 1902 gestorbenen Frau Katharina angebracht.

Links und rechts davon, ein wenig zurückgesetzt, sind zwei weitere Marmortafeln in die Ziegelwand eingelassen: auf der linken Seite zum Gedenken an den Sohn Heinrich Franck (1961 gestorben) und seine jüdische Ehefrau Lotte Sarah Franck (1984), auf der rechten Seite für seine Enkelin Ingeborg Hunzinger (2009) und deren Sohn Gottlieb Franck (1962). Es ist das Grab einer Familie, in der sich über einhundert Jahre deutsch-jüdischer Kulturgeschichte in Ost und West wie unter einem Brennglas verdichten.

Francks Sohn Heinrich war ein bedeutender Chemiker, der sich während der Naziherrschaft weigerte, sich von seiner jüdischen Frau zu trennen. Wegen „jüdischer Versippung" verlor er 1937 seine Professur an der Technischen Hochschule Berlin. Die Familie überlebte den Terror im Windschatten eines Forschungsinstituts der Glasindustrie. Franck trat 1946 in Ost-Berlin der SED bei und wurde deshalb erneut von der

Ehrengrab des Malers Philipp Franck
auf dem Friedhof in Berlin-Wannsee

nun in West-Berlin liegenden Technischen Hochschule entfernt. Er hatte fortan einen Lehrstuhl für Chemie an der Humboldt-Universität im Osten, Funktionen in der Akademie der Wissenschaften und war Abgeordneter der Volkskammer der DDR. Nachdem er 1961 in Pankow beigesetzt worden war, ließ ihn die Familie 2005 in das Grab in Wannsee umbetten – ebenso wie seinen Enkel Gottlieb, der sich 1962 das Leben nahm.

Als bislang Letzte wurde dort 2009 dessen Mutter Ingeborg Hunzinger beigesetzt. Diese 1915 geborene Tochter Heinrich Francks, die wegen ihrer jüdischen Mutter ebenfalls von den Nationalsozialisten verfolgt wurde und außerdem Kommunistin war, durfte ihr Kunststudium in Berlin ab 1939 nicht fortsetzen. Sie überstand das NS-Regime mehr oder weniger versteckt zunächst auf Sizilien und dann im Schwarzwald. Sie zog mit ihrem Mann, dem Kommunisten und Spanienkämpfer Adolf Hunzinger, 1949 nach Ost-Berlin, wo sie ihr Kunststudium fortsetzte. Nach dem Abschluss ließ sie sich in Rahnsdorf am Rande Berlins als freischaffende Bildhauerin mit eigenem Atelier nieder, das ein beliebter Treffpunkt einer kritischen intellektuellen Szene aus Ost und West wurde. Sie schuf zahlreiche Skulpturen für den öffentlichen Raum vor allem in Ost-Berlin. 1995 entstand das Werk *Block der Frauen* für das Denkmal zur Erinnerung an die Proteste in der Rosenstraße gegen die Inhaftierung von Berliner Juden im Winter 1943. Ingeborg Hunzinger war eine der bedeutendsten Bildhauerinnen der DDR, weigerte sich ungeachtet ihrer Mitgliedschaft in der SED aber, ihr angetragene Ehrungen wie den Nationalpreis der DDR anzunehmen. Sie halte das „ideologische Affentheater auf dem Gebiet der Kultur und die Bevormundung für unwürdig", sagte sie später in einem Interview.[6]

Von der Öffentlichkeit wenig bemerkt ist der abgelegene Friedhof in Stolpe so zu einem Kristallisationspunkt der intellektuellen Auseinandersetzungen im Deutschland des 20. Jahrhunderts geworden. Das ist vor allem Rosita Hunzinger zu verdanken, einer Tochter Ingeborg Hunzingers mit einem ausgeprägten Sinn für ihre Familie und die Geistesgeschichte, die sie verkörpert. Sie hat dafür gesorgt, dass das Grab ihres Urgroßvaters in Wannsee zu einem Ort wurde, an dem die Familie wieder vereint wird. Es ist ein Beispiel dafür, dass es in Wannsee oft um mehr als um Lokalgeschichte geht. Hier spielen die größeren Zusammenhänge, die langen Linien eine Rolle. Und sie reichen immer weiter als auf den ersten Blick ersichtlich, wie sich auch hier zeigt.

Rosita Hunzinger gehörte Ende der 1960er Jahre zu einem Kreis von Jugendlichen aus bekannten Ost-Berliner Intellektuellen- und Funktionärsfamilien, die sich unter dem Schutz ihrer prominenten Namen gegen die staatlich verordnete geistige Konformität jener Jahre in der DDR zur Wehr setzten. Der Einmarsch der Armeen des Warschauer Paktes am 21. August 1968 in die Tschechoslowakei war für die Jugendlichen das Signal zu Protestaktionen. Noch am selben Abend schrieben sie „Dubček" an Häuserwände. Am nächsten Tag stellten Hunzinger und ihre Freunde, darunter Thomas Brasch und Florian Havemann, rund 500 handgeschriebene Flugblätter mit Losungen wie „Warschauer Vertrag raus aus Prag!" und „Hoch Dubček!" her, die sie in der Nacht in Telefonzellen und Hausbriefkästen verteilten. Sie waren schon länger von der Stasi beobachtet worden. Nun wurden sie schnell festgenommen und im Oktober zu zwei Jahren und drei Monaten Freiheitsentzug verurteilt, allerdings nach einigen Wochen freigelassen. Die Schriftstellerin Julia Franck, eine Ururenkelin des Malers, setzt in ihren Büchern heute die schöpferischen Traditionen ihrer Familie fort und thematisiert darin auch die tragischen Züge der von den Umbrüchen des 20. Jahrhunderts geprägten Familiengeschichte. Von Zeit zu Zeit ist sie Gast im Literarischen Colloquium am Wannsee – und so schließt sich der Kreis.

Wolfgang Immenhausen und Mutter Fourage

Wolfgang Immenhausen sitzt an einem runden Holztisch im üppig blühenden Blumengarten seines Hauses an der Chausseestraße, wenige Schritte vom Friedhof entfernt. Ein entspannter Mann mit weißem Haar und verschmitztem Lächeln, der sich über das Interesse an der Familie Franck freut. Denn es ist ihm zu verdanken, dass der fast in Vergessenheit geratene Philipp Franck und sein Werk in den vergangenen Jahren wiederentdeckt wurden. Immenhausen gehörte 1995 zu den Mitbegründern der Max-Liebermann-Gesellschaft, der es gelungen ist, die denkmalgeschützte Villa und den Garten Liebermanns am Wannseeufer zu rekonstruieren und der Öffentlichkeit zugänglich zu machen. Daraus ist ein weiterer kultureller Leuchtturm mit internationaler Ausstrahlung im Berliner Südwesten entstanden.

Die Geschichte von Stolpe und Wannsee, ihrer Maler und Bauherren, das sind Immenhausens Lebensthemen. Seit frühester Kindheit lebt er hier. Nebenan hatten seine Großeltern ab 1900 ein Handelsgeschäft für Kartoffeln, Getreide, Futter – Fourage nannte man das damals. Es war die Zeit des Aufbruchs in Wannsee, immer mehr reiche Berliner zogen in den mondänen Vorort mit seiner Kolonie Alsen. Man belieferte die „Kolonisten" wie den Unternehmer und Philanthropen Eduard Arnhold, den Verleger Langenscheidt oder die Kunstmäzenin Cornelie Richter, aber auch Fuhrunternehmer und Droschkenkutscher wie Gustav Hartmann, der später als der Eiserne Gustav mit seiner Reise nach Paris Furore machen sollte. Das ging so über Jahrzehnte, zwei Kriege und den Mauerbau, bis Ende der 1970er Jahre seine Mutter das Geschäft schloss und den Hof ihrem Sohn überschrieb.

Wolfgang Immenhausen, inzwischen Schauspieler am Berliner Grips-Theater, entdeckte nun seine Wurzeln wieder. Die Rückkehr auf den kopfsteingepflasterten Hof mit Wohnhaus, Wirtschaftsgebäuden und Scheune, Abenteuerspielplatz seiner Kindheit, führte sein Leben in eine neue Richtung. Er beschloss mit zwei Freunden, die alte Fouragehandlung des Großvaters, in der er aufgewachsen war, unter neuen Aspekten wiederzubeleben. Es entstand Mutter Fourage, inzwischen seit Jahrzehnten eine ökologische, kulturelle und kulinarische Oase, die Besucher aus ganz Berlin und dem Umland anzieht. Es gibt ein Café, einen Hofladen, eine Gärtnerei, eine Galerie, Veranstaltungen und Feste – ein Ort der Kommunikation, Begegnung und des Genusses wie kein zweiter in Wannsee und weit darüber hinaus. Und es gibt kaum jemanden, der die Entwicklung Wannsees in den letzten 150 Jahren so genau kennt wie Wolfgang Immenhausen. Ihm ist es auch zu verdanken, dass 2010 ein Neudruck des lange vergriffenen *Wannseebuchs* von Georg Brasch erschienen ist.

Viele Stolper seien zunächst sehr gegen die Ende des 19. Jahrhunderts betriebene Vereinigung mit der Villenkolonie Alsen und die Bildung der neuen Gemeinde Wannsee gewesen, erzählt er in seinem Garten. Am Ende hätten sie den Schritt aber gewagt, und das sei dem ganzen Ort sehr zugutegekommen. „Die reichen Kolonisten haben ja dann ihre Steuern in den gemeinsamen Haushalt gezahlt, und so ist Wannsee bald zu einer der solventesten Gemeinden Deutschlands geworden. Außerdem waren die Millionäre damals oft auch Wohltäter wie Eduard Arnhold, der nicht zuletzt die Villa Massimo in Rom gestiftet hat, die bis heute ein wunderbarer Ort der Künstlerförderung ist."[7] Aber man habe lange darum gekämpft, zu einem Ort zusammenzuwachsen, noch heute bilde die quer durch Wannsee verlaufende Königstraße eine Art Grenze zwischen der einstigen Kolonie und dem alten Dorf Stolpe.

„Noch bis in die 1930er Jahre war es so, dass Stolpe das Reservoir an Arbeitskräften und Handwerkern bildete, die dringend gebraucht wurden, um die Villen zu bauen. Die Frauen wurden als Haushaltshilfen benötigt, und um im Sommer die Gärten zu pflegen – bei Liebermann waren es beispielsweise drei, vier Frauen aus dem Ort, die hier bei uns nebenan wohnten. Ein ganz wichtiger Begegnungsort aber war die Schule – hier gingen die Kinder der von Siemens zur Schule, die Kinder von Goebbels, die Kinder vom Schmied und vom Arbeiter, und alle trafen sich in der Conrad-Schule. Auch heute ist es noch so, dass das Gemeindeleben überwiegend im alten Stolpe stattfindet, auf der anderen Seite merkt man davon wenig. Das hat auch mit den Nazis zu tun, die da ihre ganzen

Institutionen hatten, nach dem Krieg zogen dann Krankenhäuser und Kinderheime in die Villen, da gab es nur noch ganz wenige Urbewohner."

In Stolpe ist das anders. Noch heute finden sich auf dem Friedhof an der Friedensstraße Grabstellen, die das Gedächtnis an die ersten Familien in Stolpe wie Behrend, Hönow, Schuchardt oder Zinnow und ihre Nachkommen lebendig halten. Und auch das älteste erhaltene Haus von Wannsee steht hier, im Grünen Weg nahe dem Pohlesee, romantisch verborgen hinter einer dichten Laubhecke. Sein mittlerer Teil war eine Holzkate mit Strohdach und Lehmwänden und ist wohl mindestens 350 Jahre alt. Neben seinen Wohnräumen betreibt der Hauseigentümer hier eine Galerie mit angeschlossenem Verlag, die sich vor allem der Architektur- und Stadtplanungsgeschichte Berlins widmen. Wie viel besser stünde es noch um Wannsee, wenn alle historischen Gebäude hier mit solchem Respekt behandelt würden. Warum das nicht der Fall ist, zeigen wir im folgenden Kapitel.

Kapitel 3
Die Villen

Wo alles angefangen hat – Stimmings Krug und die Villa Alsen

Beginnen wir dort, wo alles angefangen hat – wo aber nichts mehr ist. Ein Rätsel? Nein, die Wirklichkeit in Wannsee Anfang der 2020er Jahre. Wir stehen am Ende der Wannseebrücke, Königstraße Nummer 3b–4. Hinter einem Drahtzaun breitet sich das Dickicht aus. Mannshohe verwilderte Büsche versperren den Blick auf den See. Es gibt zwei Tore in dem Zaun, die mit Fahrradschlössern gesichert sind und ins grüne Nichts führen. Hier ist schon lange niemand mehr durchgegangen. Ganz rechts aber ist eine Lücke im Zaun, provisorisch mit einem Baugitter gesichert, das an diesem Tag geöffnet ist. Am Eingang steht ein mobiles Toilettenhäuschen. Dahinter führt eine Rampe mit schadhaften Betonelementen steil hinunter zum Seeufer. Dort liegt eine kleine ungepflegte Wiese, über die man zwei Bootsstege erreicht. Der Blick zurück zeigt eine mit Büschen locker bewachsene Anhöhe, eine verwilderte Brache.

Nichts deutet darauf hin, dass dies ein bedeutender historischer Ort ist. Genau hier hat der Stolper Gastwirt Johann Friedrich Stimming 1794 ein neues Gasthaus errichtet, damals weit und breit das einzige Gebäude an der gerade fertiggestellten Chaussee, die das königliche Schloss in Berlin mit der Hohenzollernresidenz in Potsdam verband. Es war eine der in Preußen am meisten und von den wichtigsten Würdenträgern befahrenen Strecken, und so wurde Stimmings Krug in den folgenden Jahren eine der am besten besuchten Gaststätten im ganzen Land.

Hier konnten die Kutscher ihre Pferde wechseln, die in Richtung Potsdam noch den ordentlichen Anstieg am Schäferberg zu bewältigen hatten, es gab Fremdenzimmer zur Übernachtung, Speis und Trank und von der hinteren Veranda einen bezaubernden Ausblick über den Großen Wannsee. Dessen Ufer lagen in jenen Jahren noch völlig unberührt in der Natur, begrenzt von Schilf, Kiefernwäldern im Westen und den hellen Hügeln des Sandwerders im Osten. Schräg gegenüber dem Krug lag auf der anderen Straßenseite das Chausseehaus, wo der preußische Staat die Maut für die Benutzung von Straße und Brücke kassierte. Reisende mussten hier also ohnehin einen Halt einlegen, den konnte man dann gut zur Einkehr im Gasthaus nutzen.

Stimmings Krug war auch ein beliebtes Ausflugsziel für die Berliner und schließlich jener Ort, an dem Heinrich von Kleist mit seiner Gefährtin Henriette Vogel die letzte Nacht verbrachte, bevor er sich und seiner todkranken Begleiterin am 21. November 1811 ganz in der Nähe, auf der Anhöhe über dem heutigen Kleinen Wannsee, das Leben nahm. Ein für die Geistesgeschichte Deutschlands bedeutsames Ereignis, das zum Entstehen des „Mythos Wannsee" beigetragen hat. Es gibt heute zwar einen Erinnerungsparcours, der von der Dampferanlegestelle zum Kleistgrabmal in der Bismarckstraße führt, doch der eigentliche Ausgangspunkt des letzten Weges des lebensmüden Paares, Stimmings Krug, bleibt ein anonymes, verwildertes Privatgrundstück ohne jeden Hinweis. Das ist umso unverständlicher, als dieser Ort auch für die weitere Entwicklung Wannsees von zentraler Bedeutung war.

Theodor Fontanes Visionen

1861 beschrieb Theodor Fontane in der *Neuen Preußischen Kreuzzeitung* mit schwärmerischen und geradezu prophetischen Worten die Schönheit und die Perspektiven dieser märkischen Landschaft anlässlich eines Ausflugs an den „Wannensee“:

„Unmittelbar an der Stelle, wo die Chaussee (die rasch wieder Wald einwärts biegt) die Südspitze des Sees berührt, erheben sich waldbekränzte Hügel zu beiden Seiten, von deren Kuppen aus man des prächtigsten Anblicks genießt. Wir wählen die Hügelgruppe zur Linken, sitzen, den Arm um eine Fichte gelehnt, die Füße über der Tiefe, wie in einem natürlichen Amphitheater und überblicken ein reiches Landschaftsbild, das durch die Chaussee-Linie, die sich hindurchzieht, in zwei beinahe gleiche Teile geteilt wird. Uns zu Füßen und weiter nach links hin dehnt sich das Stolper Loch, ein unterbundener Havelarm, der nun ohne Zirkulation und Leben daliegt – ein Teich wider Willen, dessen moroses Ansehen zu sagen scheint, daß er einst bessere Tage gesehn. Aber diese Trübe, die wir um seinetwillen beklagen, kommt der Landschaft zugute, und See und Röhricht und vor allem der Holzhof (am Ufer des Sees), auf dem die großen Holzsägen geschäftig auf- und niedergehen und mit ihrem melodischen Einklange die Stille unterbrechen, geben ein anziehendes Bild.

Ganz anders zeigt sich das Bild an der anderen Seite der Chaussee. Wenn hier zur Linken die enge Umgrenzung, die Stimmung des Bildes und seine Details einen Reiz schufen, so ist es drüben, jenseits des Weges, die Ausdehnung, die Fläche, der Raum. Es fehlen alle Details, fast fehlt auch die Stimmung; aber der Zauber der Farbe schmeichelt sich in unsere Sinne ein, und das weite tiefe Blau trifft unser Auge wie eine Erquickung. Von dem fernen jenseitigen Havelufer her (Fluß und See haben hier eine Breite von mehr als einer halben Meile) grüßen nur einige rote Dächer; diesseits aber legen sich die schönsten Waldpartien des Grunewalds wie ein weit gespannter Arm um den See herum. Der Grunewald auf diesem Uferstreifen zwischen Pichelsberg und dem Wannensee ist von ganz besonderer Schönheit. (…)

An dieser Stelle, auf dem Plateau am Wannensee (wenn unsere Wünsche in Erfüllung gehen), werden sich innerhalb einiger Jahre die Sommerwohnungen vieler unserer Residenzler erheben; hierhin werden die Villen verpflanzt werden, denen es an der Lisière des Tiergartens hin bereits zu städtisch zu werden beginnt. Zwei Fragen drängen sich auf: An welcher Stelle werden die Villen am besten sich erheben? Und zweitens (eine Frage, die vielleicht die erste sein sollte): Wird das Entstehen einer Villenstraße, die leicht zu einer Villen-Stadt, wie in England viele solcher Beispiele existieren, anwachsen könnte, nicht die Schönheit, die Frische dieser Waldgegend gefährden?“[1]

Schon in den Jahrzehnten zuvor hielten Maler den besonderen Reiz der Landschaft am Wannsee fest, wie Jens-Peter Ketels in seinem von Wolfgang Immenhausen herausgegebenen Buch *Ein bürgerliches Arkadien in Wannsee* anschaulich zeigt, beschreibt und dokumentiert.[2] Dabei spielte gewiss auch die bis heute wirkende besondere Aura des Kleistgrabs eine Rolle, das seit 200 Jahren ein magischer Anziehungspunkt für Kunstschaffende aller Richtungen ist.

Ketels und Immenhausen präsentieren in ihrem Bildband liebevoll neunzehn unsignierte und undatierte Aquarelle, die einer 2022 in Berliner Auktionshäusern aufgetauchten geheimnisvollen Mappe mit dem Aufdruck „Wannsee“ entstammen. Sie stellen die Vermutung an, dass der Berliner Bankier Karl Heinrich Wilhelm Conrad sie einst besessen und womöglich sogar in Auftrag gegeben hat. Die Aquarelle „zeugen von großer künstlerischer Qualität und deuten auf eine innige persön-

Gottlob Theuerkauf, Die Villenkolonien am Wannsee, um 1888

liche Beziehung des Künstlers zu dieser Landschaft und dem Anwesen seines Begründers hin", heißt es im Vorwort.

Der Begründer, das ist der außerordentlich wohlhabende Bankier und Naturfreund Wilhelm Conrad, dem wir in Kapitel 1 schon begegnet sind. Conrad entdeckte etwa zur gleichen Zeit wie Fontane den besonderen Reiz des Wannsees. Er unternahm Ausflüge mit seiner Familie an den See, jagte wohl auch im Grunewald und verbrachte Wochenenden in Stimmings Krug. Als dieser nach dem Tod des ersten Gastwirts und mehreren Besitzerwechseln 1863 wieder zum Verkauf stand, griff er zu und erwarb das Anwesen, dazu 300 Morgen Land und das Chausseehaus. Doch der erfolgreiche Geschäftsmann, der zu den einflussreichsten Kreisen der Berliner Gesellschaft gehörte, hatte alles andere im Sinn als etwa das Ausflugslokal weiterzuführen, das seine besten Zeiten hinter sich hatte. Wilhelm Conrad verfolgte viel größere Pläne.

Ihm schwebte, ganz im Sinne von Fontanes Visionen, die Entwicklung einer Villenkolonie am Wannsee vor. Und er besaß das nötige Kapital, den Mut und die Tatkraft, das Projekt entschlossen anzugehen. Georg Brasch erinnert in seinem *Wannseebuch* genau daran: „Man muß sich klarmachen, was das heißen wollte zu einer Zeit, wo Berlin im Westen am Brandenburger und Potsdamer Tor aufhörte und Charlottenburg ein entlegener Vorort war, nach dem man Landpartien in Kremsern unternahm.“[3]

Eine Sommerkolonie für den Millionenclub

Conrad wie Fontane spürten den Zeitgeist, der die wohlhabenden Großstadtbewohner nach draußen, ins Grüne zog. Fort von der Hektik, dem Schmutz und dem Lärm der wachsenden Metropole Berlin, Entwicklungen, die zunehmend auch am Rande des Tiergartens zu spüren waren. Dort hatten sich die mit der Industrialisierung reich gewordenen Unternehmer und das städtische Großbürgertum seit der ersten Hälfte des 19. Jahrhunderts prächtige Anwesen bauen lassen. Auch Wilhelm Conrad wohnte dort in einer ansehnlichen Stadtvilla und kannte die Bedürfnisse seiner Nachbarn. Während in den Straßen am Tiergarten jedermann herumspazieren und mehr oder weniger neidische Blicke auf die Anwesen der Reichen werfen konnte, sann er auf eine höchst exklusive Kolonie in herausragender Lage, für die er sichere Interessenten in seinem Club von Berlin sah, dessen Vorsitzender er eine Weile war. Es handelte sich um einen elitären Männerclub von Industriellen, Bankiers und Politikern, aber auch von bekannten Künstlern und Wissenschaftlern mit größtem Einfluss auf die Geschehnisse in der Hauptstadt, im Volksmund auch „Millionenclub“ genannt.

Der Wannseechronist Brasch war noch im Jahre 1926 voller Verständnis für die Übertragung dieses exklusiven Konzepts auf die neue Villenkolonie: „Eine Uferstraße wurde nicht angelegt, und es wäre töricht, aus heutigem übersozialen Empfinden heraus dem Begründer von Wannsee daraus nachträglich einen Vorwurf machen zu wollen. Wer von ihm Gelände kaufte, um sich einen vornehmen schönen Sommersitz nach englischen oder italienischen Vorbildern zu schaffen, machte mit Recht Anspruch auf seinen Anteil an Ufer und Wasser. Spazierwege und Erholungsstätten für Berliner Ausflügler zu schaffen war nicht Sinn und Zweck der Gründung. Man suchte im Gegenteil Ruhe und Abgeschlossenheit."[4] Und so sind der Große und der Kleine Wannsee bis heute öffentliche Gewässer, die kaum öffentliche Zugänge zum Wasser kennen.

Mit dieser Philosophie im Kopf beauftragte Conrad den bedeutenden Gartenarchitekten Gustav Meyer mit dem Entwurf für eine Wohnparklandschaft nach Vorbildern aus London und Hamburg, wobei besonders der Stadtteil Uhlenhorst als Modell diente. Meyer war ein Schüler und Mitarbeiter von Peter Joseph Lenné, dem langjährigen General-Gartendirektor der preußischen Könige, der großen Anteil an der Gestaltung der heute zum UNESCO-Welterbe zählenden weiträumigen Potsdamer Park- und Schlösserlandschaft hatte. Während es sich bei dem Auftrag Conrads um ein höchst elitäres Projekt handelte, hatte sich Meyer in seiner Eigenschaft als erster „Städtischer Gartenbaudirector zu Berlin" bereits einen Namen als Schöpfer der großen Volksparks wie Friedrichshain, Humboldthain und Treptower Park gemacht, die er ausdrücklich als öffentliche Erholungsgebiete für die breite Berliner Bevölkerung geplant hatte.

Dem von Conrad gewünschten landschaftsarchitektonischen Gesamtkunstwerk gab er im Zentrum die Form eines Hippodroms, einer oval angelegten Ringstraße, durch das die

Königstraße als Längsachse verlief. Die Mehrheit der Grundstücke wies Größen zwischen 5000 und 12 000 Quadratmetern auf, einzelne hatten sogar bis zu 25 000 Quadratmeter. Sie wurden nach dem Clubprinzip vergeben: „Die Größe der Grundstücke, die besondere Erlesenheit, die Praxis einer Probewohnzeit, nach der erst über die endgültige Zuzugsmöglichkeit eines Interessenten entschieden wurde, verstärkte den Reiz für gut situierte Bürger, einen Sommersitz am Wannsee zu erwerben", beschreibt Ketels das Vorgehen Conrads. „Die Lebensformen am Wannsee basierten also in umfassender Weise auf dem Prinzip selektiver Inklusion; in verschiedener Form wurde hier sogar eine Art Überexklusivität der Lage produziert."[5] Dazu gehörte auch wie selbstverständlich der Zugriff auf das Wasser in Form privater Stege an jedem Grundstück und eines Segelclubs für Kolonisten. „Das heißt, auch der öffentliche Raum wurde privat konstituiert."

Wilhelm Conrad nahm persönlich die Auswahl der künftigen Kolonisten vor und ließ im Grundbuch genaueste Vorgaben für die Anlage der Grundstücke eintragen: „Ställe und kleinere Nebengebäude dürfen hart an der nachbarlichen Grenze errichtet werden, müssen aber nach der Straße zu ausgebildete Fassaden haben. Die nach dem Nachbargrundstück zu belegenen Wände solcher Stall- und Nebengebäude darf der Nachbar zur Berankung nutzen, ohne dadurch zur Unterhaltung der betreffenden Wände verpflichtet zu werden. Die einzufügenden Villen müssen wenigstens eine halbe Ruthe von der Nachbargrenze und von der Straße entfernt bleiben." So lautete eine Passage im Kaufvertrag mit dem Architekten Walter Kyllmann für das Grundstück Am Kleinen Wannsee 4.[6]

Conrad war nicht nur der Gründer der Villenkolonie, sondern auch ihr erster Bewohner. 1870 ließ er Stimmings Krug an der Königstraße abreißen und beauftragte die Berliner Architekten von der Hude und Hennicke mit dem Bau einer

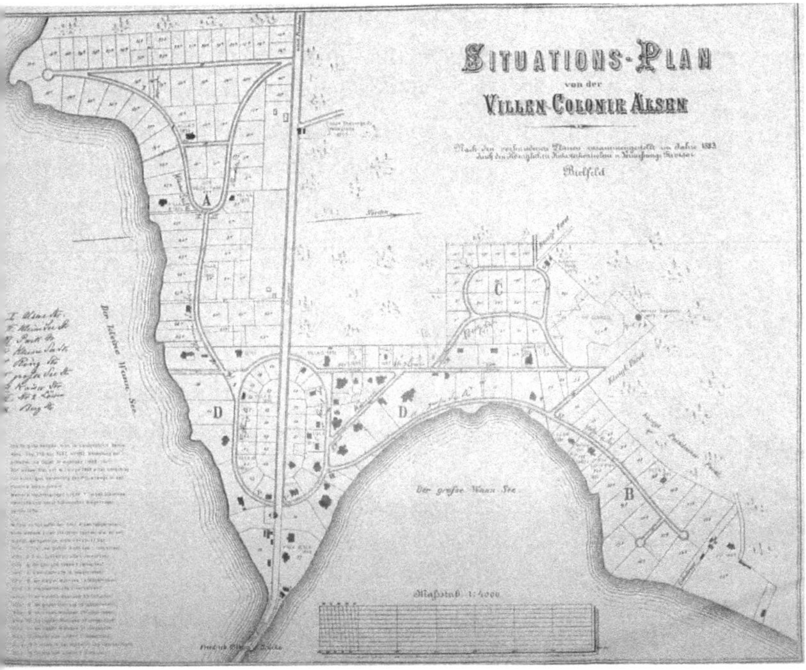

Situations-Plan von der Villen-Colonie Alsen, 1883

Villa im spätklassizistischen Stil. Gustav Meyer entwarf für das Seegrundstück eine phänomenale Gartenlandschaft mit diversen Nebengebäuden wie Gästehaus, Holzpavillon, Bootshaus und selbstverständlich einer Landungsbrücke. Haus und Garten waren das erste Anwesen der neuen Kolonie, das den Maßstab für die weitere Bebauung setzte. Mit seiner exklusiven Lage am Südufer des Sees bildete es einen markanten Auftakt des außergewöhnlichen architektonischen Reigens, der sich in den folgenden Jahren an den Ufern des Großen und des Kleinen Wannsees entwickeln sollte. Conrad nannte sein Haus Villa Alsen, auch das ein Hinweis darauf, dass es für die ganze Kolonie stehen sollte, der er den gleichen Namen gab. Der

Skulptur
Flensburger Löwe von
Hermann von Bissen am
Heckeshorn in Berlin-Wannsee

patriotisch gesinnte Geschäftsmann wollte damit den preußischen Sieg im Deutsch-Dänischen Krieg von 1864 rühmen, in dessen Verlauf die dänische Insel Als, zu Deutsch Alsen, erstürmt wurde. Sie gehörte fortan bis 1920 zu Deutschland.

Zeichen von Conrads ausgeprägtem Nationalismus war auch, dass er eine Kopie des *Flensburger Löwen* anfertigen ließ, eine ursprünglich von einem dänischen Künstler geschaffene Skulptur zur Feier des Sieges der Dänen über die Schleswig-Holsteiner in der Schlacht von Idsted 1850. Nach dem deutschen Sieg von 1864 ließ der preußische Ministerpräsident Otto von Bismarck die fast vier Meter hohe Skulptur aus Flensburg nach Berlin entführen, wo sie in der Kadettenanstalt in Lichterfelde aufgestellt wurde. Conrad platzierte seine Kopie auf einer Art Schanze auf einer „Schweiz“ genannten Anhöhe am Rande seiner Kolonie in der nach ihr benannten Straße zum Löwen mit weitem Blick über See und Landschaft. 1938 wurde der zwei Tonnen schwere Löwe an seinen jetzigen Standort am Heckeshorn direkt am Seeufer umgesetzt. Das Original gaben die Amerikaner 1945 an Dänemark zurück. Es steht im Garten des Zeughauses in Kopenhagen.

Wie der Bauboom der 1970er Jahre historische Substanz verdrängt

Genau 100 Jahre sollte Conrads Villa an ihrem historischen Ort stehen, inzwischen selbst ein Denkmal der Geschichte Wannsees. Doch das bedeutete noch lange nicht, dass sie auch unter Denkmalschutz stand. Nachdem die Erben Conrads den Besitz nach dessen Tod 1906 verkauft hatten, wurde das Grundstück neu parzelliert und die Villa ging durch diverse Hände, überstand mit leichten Schäden den Zweiten Weltkrieg und verfiel dann zusehends, bis sie 1970 abgerissen wurde. Kaum jemand scherte sich in diesen vom West-Berliner Bauboom geprägten Jahren um den Erhalt historischer Substanz. Die Vorsitzende des Vereins für Kultur und Geschichte in Wannsee, Hannelore Bolte, spricht rückblickend von einem unverantwortlichen Vorgang.

Der *Tagesspiegel* widmete dem Abriss am 5. April 1970 immerhin einen kleinen Zweispalter mit durchaus kritischer Sichtweise: „In aller Stille verschwand jetzt aus Wannsee ein Stück Geschichte: die Villa Alsen in der Königstraße 3a, auf historischem Boden im vorigen Jahrhundert erbaut, wurde abgerissen. Auf dem Grundstück soll ein modernes Appartementhaus errichtet werden. Alteingesessene Wannseeaten betrauern den Abriss. Ja, sie gehen noch weiter. Sie machen dem Bezirksamt den Vorwurf, dass es das Alte mit Stumpf und Stiel ausrotte, ohne sich um die geschichtliche Bedeutung zu kümmern. Die Villa Alsen war nämlich der Grundstein des Zehlendorfer Ortsteils Wannsee."

Der Autor verweist dann auf die noch ältere Bedeutung des historischen Orts und erinnert an die letzte Nacht Heinrich von Kleists und seiner Gefährtin Henriette Vogel in Stimmings Gasthaus vor ihrem Freitod – „auf dem Grundstück endete ein tragisches Kapitel der deutschen Literaturgeschichte". Doch

Villa Alsen, Aufnahme von 1954

das sei für das Zehlendorfer Bezirksamt nicht Grund genug gewesen, die Villa stehen zu lassen. „Die Baufachleute lassen sich bei Fragen des Abrisses nur von architektonischer Bedeutsamkeit lenken. Und die sei nach Auskunft der zuständigen Bauabteilung nicht vorhanden gewesen. Das Gebäude stand nicht unter Denkmalschutz." Der Autor beschreibt eine Haltung im Bezirksamt, die sich auch 50 Jahre später offenbar erhalten hat, wie wir noch sehen werden.

Allerdings berichtete der *Tagesspiegel* am 17. April 1970 auch über denkmalschützerische Bemühungen: „In dem vom viel zitierten Villensterben in Berlin am meisten bedrohten Bezirk Zehlendorf ist jetzt mit den ersten Maßnahmen zur Bestandserhaltung begonnen worden. Viel könne die Verwaltung zwar nicht unternehmen, meinte gestern Baustadtrat Doktor Rothkegel dazu. Aber sie wisse jetzt doch wenigstens, um welche Bauten sie sich zu kümmern habe. Im Planungsamt des Bezirks liegt eine Liste der erhaltungswürdigen Gebäude vor."

Diese von einer Arbeitsgruppe an der Technischen Universität unter Leitung des bedeutenden Architekturhistorikers Julius Posener erarbeitete Bestandsaufnahme von 180 Villen in allen Zehlendorfer Ortsteilen sei in drei Kategorien eingeteilt: unbedingt erhaltenswert, wünschenswert und Gebäude, über deren Erhalt man sich „freuen“ würde. Welche Bedeutung diese Liste für den Denkmalschutz letzten Endes hatte, ist unklar.

Auf dem Grundstück an der Königsallee entstand nun ein mehrgeschossiges Appartementhaus im Betonstil jener Zeit, aus dem ein Hotel wurde, das ab Mitte der 2000er Jahre leer stand und verfiel. Ein Schandfleck in bester Lage am Ortseingang von Wannsee, auf einem in doppelter Hinsicht historischen Platz, dessen Bedeutung weiterhin niemand zuständiges zur Kenntnis nahm.

Das etwa 7000 Quadratmeter große Grundstück ging dann in den Besitz des Berliner Unternehmers und Mäzens Abris Lelbach über, der die Bauruine abreißen und große Pläne für eine „modernisierte Villenarchitektur“ entwickeln ließ. Aus einem Entwurfswettbewerb unter prominenter Beteiligung, aber auch des Bezirksamtes Steglitz, ging 2010 das Berliner Büro Bernd Albers als Sieger hervor. Dessen Entwurf sieht ein massiges Apartmentgebäude vor, das sechs Etagen hoch in den Wannseehimmel streben soll und weit über die benachbarten Bootshäuser und Villen hinausragen würde. Das Bezirksamt hatte in einem Vorbescheid entgegen dem Bebauungsplan die Errichtung dieses mehrgeschossigen Hauses genehmigt. Nun regte sich doch Protest in Wannsee. Es entwickelte sich ein über viele Jahre währender Rechtsstreit, der exemplarischen Charakter für das wachsende Bemühen vieler Bürger von Wannsee erhielt, das historische Ortsbild, soweit noch möglich, zu erhalten. Er sei daher hier ausführlich dargestellt.

Vor allem der Potsdamer Yacht Club (PYC), der seit 1907 mit seinem Clubhaus auf dem östlichen Teil des ehemaligen Conrad-Grundstücks ansässig ist, wollte einen solchen Angriff auf das Landschaftsbild nicht hinnehmen. Denn trotz aller Bausünden der vergangenen Jahrzehnte gilt am See immer noch eine Grundregel: Die sogenannte Traufhöhe neuer Gebäude soll nicht höher als die Baumwipfel liegen. Der Club klagte gegen die Pläne und bekam über drei Instanzen bis zum Bundesverwaltungsgericht recht, das 2018 wie die unteren Gerichte entschied: Die Genehmigungen des Bezirksamtes seien rechtswidrig und verstießen gegen den Bebauungsplan aus dem Jahr 1959. Die Entscheidung ist inzwischen als „Wannsee-Urteil" als exemplarisch für ähnliche Streitfälle in die Rechtsgeschichte eingegangen.

Die Mitglieder des Yachtclubs und viele interessierte Bürger atmeten auf und dachten, die Sache sei nun erledigt. Doch der Investor Lelbach ließ nicht locker und reichte 2021 neue Baupläne für das Grundstück ein. Das Bezirksamt lehnte auch diese ab, da auch sie mindestens drei statt zwei Geschosse vorsahen. Doch im Jahr 2023 trat ein neuer Baustadtrat von der CDU in Steglitz-Zehlendorf sein Amt an und traf eine ebenso überraschende wie die Anwohner alarmierende Entscheidung: Er befreite die Pläne von den Vorgaben des Bebauungsplans und erklärte die Geschosszahl für „städtebaulich vertretbar". Nun ging die Auseinandersetzung in eine neue Runde, der PYC legte Widerspruch gegen die Entscheidung ein und ist auch zu einer neuen Klage bereit, wie der Vorsitzende Benedikt Heüveldop bei einem Besuch am Wannsee versichert. „Sonst hätten wir ja die 50 000 Euro, die unsere Mitglieder für das bisherige Verfahren aufgebracht haben, umsonst ausgegeben. Das würde niemand verstehen", sagt er.

Heüveldop führt den Besucher bis an das Ende eines der Bootsstege, von wo aus man einen guten Blick auf das Nachbargrundstück hat. Er verweist auf eine massive Aufschüttung, mit der Lelbach inzwischen neue Fakten geschaffen habe. Nun befinde sich die zu bebauende Fläche nicht mehr auf Ufer-, sondern auf Straßenniveau. Damit dürfte ein neues Gebäude etwa acht Meter über das Clubhaus des PYC hinausragen und das Landschaftsbild deutlich verändern. „Ich kann mir nicht vorstellen, dass ein Investor und ein Bezirksbaustadtrat ein Urteil des Bundesverwaltungsgerichts so einfach aushebeln können", sagt Heüveldop, ein entspannter Mann in Jeans und Pullover, der so gar nicht dem Klischee der hochnäsigen Yachtbesitzer vom Wannsee entspricht. Er ist guten Muts, dass sein Segelclub sich weiter erfolgreich für den Erhalt des Landschaftsbildes am Wannsee engagieren wird. Immerhin nehmen die öffentliche Aufmerksamkeit und Unterstützung zu. Nicht zufällig tagt der Verein für Kultur und Geschichte in Wannsee regelmäßig in den Räumen des PYC.

Anfang 2024 ließ sich noch nicht absehen, ob sich eine gütliche Einigung über eine künftige Bebauung dieses historischen Ortes mit Respekt vor seiner Geschichte und dem Landschaftsbild finden lässt oder ob eine neue Klagerunde beginnt. Es klingt fast wie Ironie, dass zu den Zwecken der von dem Investor eingerichteten Lelbach Stiftung die Förderung des Natur- und Umweltschutzes und der Landschaftspflege zählt. Laut Webseite ist das Kapital der Stiftung „vorrangig in Immobilien in städtebaulich interessanten Lagen mit historischem Hintergrund investiert". Neben diversen anderen Objekten vor allem in der Potsdamer Altstadt ist dort auch das Grundstück an der Königstraße 3b–4 aufgeführt. Über das Aufstellen eines Klohäuschens ist das Engagement an diesem für Wannsee so bedeutsamen Ort freilich noch nicht hinausgekommen.

Märchenschlösser und rauschende Gesellschaften

Doch kehren wir zu den Anfangsjahren der Kolonie Alsen zurück. 1872 lebten 64 Bewohner vornehmlich während der Sommermonate in zwölf Villen, 1890 waren es bereits 189 Personen. Die Grundstücksgeschäfte von Wilhelm Conrad liefen bestens. Mit dem Ende der 1880er Jahre bezogen immer mehr Kolonisten ihre Villen als Hauptwohnsitz. Sie ließen sie nun mit Heizungen und Doppelfenstern ausstatten, um auch die strengen Berliner Winter komfortabel am Wannsee verleben zu können.

Die Liste der Namen der Prominenten, die sich hier im Laufe der Jahrzehnte eine Villa zulegten, ist beeindruckend: Ob Maler wie Oscar Begas und Max Liebermann, die Verleger Fritz und Ferdinand Springer, Industrielle wie Franz Oppenheim und Arnold von Siemens oder der Kaufhausbesitzer Adolf Jandorf – die Kolonie wurde zum Wohnort der Berliner Elite. Allein fünf Präsidenten der Akademie der Künste, Anton von Werner, Carl Becker, Hermann Ende, Johannes Otzen und Max Liebermann, lebten im Laufe der Jahre in Wannsee und machten es ungeachtet – oder auch gerade wegen – seiner Ferne vom Berliner Zentrum vor allem in der Zeit vor dem Ersten Weltkrieg zu einem Ort glänzender gesellschaftlicher Begegnungen.

Dazu dienten ihre weitläufigen Villen und Parks, wie Georg Brasch sie nach einem Besuch in der Villa von Hermann Ende am Kleinen Wannsee 6 beispielhaft beschreibt: „Der Eingang liegt wie zu einem Märchenschloss über den efeuumsponnenen kleinen Gartenhof mit Säulen und Springbrunnen, Freitreppe und Terrasse. Und innen jeder Raum eine Überraschung, sei es durch einen Ausblick auf den See, einen lauschigen Erker, Vitrinen mit den schönsten venezianischen Gläsern oder ein besonders wirkungsvoll aufgestelltes Kunstwerk der Antike oder Renaissance. Dann durch Stuben hinab in den prächtigen Festsaal, der bequem Platz für 100 Personen bot und geheimnisvolle Stufen hinauf zu der in erster Abgeschlossenheit liegenden Bibliothek mit ihrem durch Kirchenfenster gedämpften Licht. Schließlich durch den geräumigen Wintergarten hindurch auf die große Garten Terrasse und herunter nach dem Ufer des kleinen Wannsees."

Man kann sich vorstellen, welch rauschende Gesellschaften sich hier entfalten konnten. Viele der reichen und anspruchsvollen Bauherren zeigten dabei den Ehrgeiz, mit ihren Architekten immer noch prächtigere und eindrucksvollere Villen in die Seelandschaft zu bauen, die so nach und nach zu einem großbürgerlichen Gegenentwurf zum Arkadien der Hohenzollern in und um Potsdam wurde – oder zu dessen Erweiterung, ganz wie man will.

Nur wenige dieser Prachtbauten sind noch erhalten, darunter auch die an ein Märchenschloss erinnernde Villa Herz Am Großen Wannsee 52/54. Sie ist nach ihrem ersten Besitzer und Bauherren Paul Hertz benannt, der einer alten jüdischen Kaufmannsfamilie entstammte. Er ließ die Villa 1891/92 von Wilhelm Martens, einem Schüler von Martin Gropius, als Sommerwohnsitz bauen. 1926 kaufte der den Nazis nahestehende Schokoladenfabrikant Nelson Faßbender die Villa der Witwe Ida Herz ab. Zehn Jahre später veräußerte er das Anwesen an die nationalsozialistische Deutsche Arbeitsfront und erwarb dafür 1937 kostengünstig die „arisierte" Villa des jüdischen Ehepaars Czapski in der Straße Zum Heckeshorn 1–3, das mit knapper Not in die USA flüchten konnte. Es ist ein typisches Beispiel dafür, wie die Nationalsozialisten ab 1933 nach und nach Besitz von Wannsee ergriffen.

Nach Kriegsende quartierte das Rote Kreuz Flüchtlinge in der Villa ein, es folgte ein Café der US-Armee. 1950 übernahm das Land Berlin das Anwesen, das nun als Gästehaus diente.

Villa Herz

Spätere Nutzer waren ein Jugenderholungsheim und ein Seglerverein. 1990 wurden Haus und Park als denkmalwert eingestuft und in Privatbesitz verkauft. Die Villa taucht häufiger als Kulisse in Film- und Fernsehproduktionen auf, darunter die Verfilmung von Edgar-Wallace-Krimis. Weitere erhaltene Anwesen in der näheren Nachbarschaft am Großen Wannsee sind die weithin bekannte Liebermann-Villa und die Villa der Wannseekonferenz sowie die von dem Architekten Alfred Messel erbauten Villen der Verlegerfamilie Springer und der Familie Oppenheim. Das weitläufige, mehrfach erweiterte Grundstück der Letzteren mit zahlreichen Nebengebäuden erstreckte sich zwischen den Straßen Am Großen Wannsee und Zum Heckeshorn. Auf dem inzwischen in mehrere Grundstücke neu aufgeteilten Gelände findet sich noch die eigentliche Villa mit der heutigen Adresse Zum Heckeshorn 38, die Sitz einer Montessorischule ist.

In den 1960er Jahren gab es eine Phase, da Wannsee durch den Mauerbau vielen als eine wenig attraktive Randlage galt. Das öffnete Chancen für den Zuzug ganz anderer Schichten, als der Gründer Wilhelm Conrad im Auge hatte. Ein gutes Beispiel dafür ist ein Gelände aus dem Besitz der Post ausgerechnet in der nach ihm benannten Conradstraße, im Kern der Kolonie Alsen. Hier schuf um 1965 der genossenschaftliche Wohnungsbauverein Neukölln einige bescheidene Mehrfamilien- und Reihenhäuser im sozialen Wohnungsbau. Sie tragen den anspruchslosen Stil jener Jahre, manche haben aber Blick auf den Wannsee. Die gut gepflegte Siedlung hat zwar nichts mit den architektonischen Traditionen der Umgebung gemein, aber man weiß aus anderen Beispielen, dass es auch sehr viel schlimmer hätte kommen können.

Der Kampf um die Villa Liebermann

Typisch für das Desinteresse der Berliner Behörden am Schicksal vieler Häuser aus der Kolonie Alsen nach dem Zweiten Weltkrieg ist die Geschichte der Liebermann-Villa. Sie konnte nur dank des Eingreifens engagierter Bürger mit knapper Not gerettet und zu dem strahlenden Kulturdenkmal entwickelt werden, das heute Besucher aus aller Welt anzieht.

Erst relativ spät, 1909, war es dem Maler Max Liebermann gelungen, eines der letzten Wassergrundstücke am Großen Wannsee zu erwerben. Er gehörte nun schon zur zweiten Generation in der Kolonie Alsen, deren Begründer 1899 gestorben war. Gemeinsam mit seinem Freund Alfred Lichtwark, Direktor der Hamburger Kunsthalle, machte Liebermann sich an die Planung von Haus und Garten. Als Architekt wirkte Otto Baumann, ein Schüler Alfred Messels, der schon verschiedene Villen in der Nachbarschaft entworfen hatte. Später ent-

Die Villa Liebermann heute

wickelte sich Baumann zu einem der von Hitler bevorzugten Architekten für repräsentative Nazibauten. „Gestern habe ich den ganzen Tag gebaut u über den Grundriß sind wir so ziemlich klar (ich bringe die Pläne mit). Nicht so über die Facade, die zu sehr nach einem Bauernhause aussieht: ich möchte ein Landhaus, das sich ein Städter gebaut hat. Wie überall ist das einfachste das schwerste", schrieb Liebermann im Juli 1909 an Lichtwark, offenbar kurz vor einem Besuch in Hamburg.[7]

Bereits im Frühjahr 1910 war die Villa fertig, deren Fassade zur Straße von zwei mächtigen Muschelkalksäulen geprägt wird. Die Seeseite mit ihrer großen Terrasse wirkt schlicht und tatsächlich großstädtisch. Sie überlässt die Hauptrolle dem wunderschön gestalteten Garten, den Liebermann auf vielen Gemälden mit seiner ganzen Vielfalt und Farbenpracht dargestellt hat. Bis zum Tod des Malers verließen die Liebermanns nun für den Sommer ihr auch sehr attraktiv gelegenes Stadthaus am Brandenburger Tor und verbrachten einige Monate regelmäßig am Wannsee, in ihrem „Schloss am See".

Die Machtübernahme der Nationalsozialisten bedeutete einen tiefen Einschnitt in das Leben der jüdischen Familie Liebermann, verbunden mit einem Berufsverbot für den Maler, der 1935 starb. Drei Jahre später gelang Liebermanns Tochter Käthe mit ihrem Ehemann und ihrer gemeinsamen Tochter Maria die Emigration in die USA, wie es in einer Chronik des Liebermann-Museums heißt.[8] Ihre Mutter Martha entschied sich, in Berlin zu bleiben, wo sie mehr und mehr Opfer der immer schärferen Verfolgung der jüdischen Bevölkerung durch das Naziregime wurde.

1940 griffen die Nazis im Zuge ihrer Aneignung von Reiz und Ruhm Wannsees auch auf dieses attraktive Anwesen zu. Sie zwangen Martha Liebermann, die Villa an die Deutsche Reichspost zu verkaufen, die dort ein „Lager für die weibliche Gefolgschaft" einrichtete. Den viel zu niedrig angesetzten Kaufpreis musste sie auf einem Sperrkonto hinterlegen. Nach dem Zwangsverkauf wurde der Garten fast völlig zerstört und mit dem Park der benachbarten Villa des bereits verstorbenen AEG-Direktors Johann Hamspohn zusammengelegt. Der durch Liebermann gepachtete nördliche Teil des Grundstücks, auf dem er die Heckengärten hatte pflanzen lassen, wurde 1941 zugunsten eines direkten Zugangs zum See als Löschwasserweg für die Feuerwehr wieder abgetrennt.

Als die Gestapo am 5. März 1943 die 86-jährige Martha Liebermann zur Deportation in das Konzentrationslager Theresienstadt abholen wollte, gelang es ihr, eine Überdosis Schlafmittel zu nehmen. Sie wurde in das Jüdische Krankhaus in der Iranischen Straße gebracht, wo sie wenige Tage später starb.

In den letzten Kriegsmonaten diente die Villa am Wannsee als Lazarett und überdauerte den Krieg wie die meisten Anwesen in der Villenkolonie Alsen. Nach 1945 richtete das Städtische Krankenhaus Wannsee dort und in der benachbarten Villa Hamspohn die chirurgische Abteilung ein. Auch weitere

Villen wurden für das Krankenhaus requiriert. Das ehemalige Atelier Liebermanns im ersten Obergeschoss wurde als Operationssaal genutzt, wofür das hohe Tonnengewölbe hinter einer abgehängten Decke verschwand, wie in der Villa ausgestellte historische Fotos zeigen.

Liebermanns nach New York emigrierte Tochter erhielt 1951 im Zuge eines sogenannten Wiedergutmachungsverfahrens das Anwesen zurück. Daraufhin schloss sie einen Pachtvertrag mit dem Krankenhaus. Sieben Jahre später verkaufte Maria White, die Enkelin der Liebermanns, das Grundstück an das Land Berlin, das es dem Bezirk Zehlendorf zur weiteren Nutzung als Krankenhaus übertrug. Ab 1971 verpachtete der Bezirk die Villa nach zwei Jahren Leerstand an den Deutschen Unterwasser-Club, der aus der Malervilla ein Vereinsheim für Taucher und Taucherinnen machte.

Das Wissen um die Vergangenheit des Anwesens als Residenz des Malers Max Liebermann begann zu schwinden. Erst in den 1980er Jahren gelang es, den in seinen Grundstrukturen erhaltenen Garten unter Denkmalschutz zu stellen. „Langsam konnte auch die Villa wieder mit Liebermann als Künstler in Verbindung gebracht werden“, heißt es in der Chronik des Museums. Und weiter: „Anfang der 1990er-Jahre existierte deutschlandweit noch kein Museum zu Liebermann und seinem Werk“, trotz seiner Bedeutung als einer der wegbereitende Maler des deutschen Impressionismus, langjähriger Vorsitzender der preußischen Akademie der Künste und Gegner der Nationalsozialisten.

Im Dezember 1992 veranstaltete der Kölner Kunstsalon Franke in den Vereinsräumen des Unterwasser-Clubs eine Liebermann-Verkaufsausstellung. Zum ersten Mal nach 1945 waren wieder Gartenbilder des Malers am Ort ihres Entstehens zu bewundern. 18 000 Besucher kamen in das ehemalige Sommerhaus, um seine Bilder zu besichtigen. Die *Bild* schrieb aus diesem Anlass über Liebermann: „Er ist einer der ganz Großen, die Berlin hervorgebracht hat. Aber die Stadt denkt nicht daran, es ihm zu danken."[9] Nicht eines der zum Verkauf stehenden Gemälde wurde von einem der Berliner Museen erworben.

1994 ließ das Landesdenkmalamt eine erste Untersuchung zum Bestand und zur Entwicklungsgeschichte des Liebermann-Gartens anstellen. Haus und Garten waren zu dieser Zeit als Künstlerrefugium nicht mehr wiederzuerkennen. Diese Umstände bewegten im Frühling 1995 fünfzehn Privatpersonen um die Historikerin Annette Ahme und den Wannseer Kunstfreund Wolfgang Immenhausen dazu, die Max-Liebermann-Gesellschaft zu gründen. Sie hatten vor allem ein Ziel: das ehemalige Sommerhaus Max Liebermanns als einzigen verbliebenen authentischen Ort seines Lebens und Wirkens wiederherzustellen und als Museum zu nutzen. 1997, zum 150. Geburtstag Max Liebermanns, beschloss der Berliner Senat endlich „die museale Nutzung der Villa, allerdings ohne Zusage finanzieller Mittel", wie es in der Chronik heißt. Dank der Unterstützung vieler Privatpersonen und Institutionen gelang es, Villa und Garten ab 2002 zu restaurieren und für die Nutzung als Museum umzubauen. Seit Ende April 2006 sind Haus und Garten originalgetreu wiederhergestellt und für die Öffentlichkeit zugänglich. Zwei Jahre später erhielt die Liebermann-Villa den Europa-Nostra-Preis für herausragende Leistungen in der Erhaltung von Kulturerbe in Europa.

Wannsee ist im Großen und Ganzen ohne größere Kriegsschäden geblieben. Dennoch hat die Zeit zwischen 1933 und 1945 insbesondere in der Kolonie Alsen fatale Spuren hinterlassen. Die Nationalsozialisten nahmen viele der luxuriösen Wohngebäude für ihre Organisationen in Beschlag, nachdem sie ihre ursprünglichen jüdischen Besitzer in die Emigration verjagt oder in Konzentrationslager verschleppt hatten. Reichssicherheitsdienst, Auswärtiges Amt, Reichspost, NS-Frauenschaft und auch die NSV-Gauschule wurden die neuen Bewohner und bestimmten das Bild am Wannsee; sogar eine Reitbahn der SS fand auf dem Gelände der Villa Oppenheim Platz. Berühmtestes Beispiel ist die ehemalige Villa Marlier, die 1942 als Gästehaus der SS zum Schauplatz der Wannseekonferenz wurde. Nach dem Krieg wurden dann allein sechs prominent am Wannsee liegende Villen in Kliniken umgewandelt und später oft an Wassersportvereine weitergegeben. Das alles veränderte das Leben in der Gegend nachhaltig.

Derweil blieb das Bezirksamt Zehlendorf bis in die jüngste Zeit seiner ignoranten Haltung gegenüber dem Erbe der Kolonie Alsen treu. 2021 scheiterten die Bemühungen von Anwohnern und Architekturexperten, die Conrad-Villa Nr. 3 in der Straße zum Löwen 1 zu retten. Das 1891 als Mietvilla für die Sommermonate gebaute Haus war das älteste erhaltene der Kolonie. Doch die Denkmalbehörden lehnten den Schutz vor dem inzwischen erfolgten Abriss mit der Begründung ab, es habe im Laufe der Jahrzehnte zu große Veränderungen an dem Gebäude gegeben, es sei somit nicht mehr im Originalzustand. Aber welches Haus ist nach 130 Jahren Nutzung noch im Originalzustand? Fotos zeigen, dass die Villa trotz einiger Um- und Anbauten durchaus noch ihre eigentliche Struktur behalten hatte.

Es gibt also auch heute noch Tendenzen, wie sie Jens-Peter Ketels im Schlusskapitel seines Buches vor allem für die 1970er Jahre attestiert: Es „setzte sich aufgrund der damaligen Prämissen der Wunsch nach Neubebauung und Verdichtung wie im ganzen Berliner Stadtgebiet durch, was zu einer grundlegenden Veränderung der Landschaft um den Wannsee und letztlich zum heutigen eng bebauten Erscheinungsbild mit sehr viel kleinteiligerer Struktur führte." 1984 stellte der damalige Vorsitzende der Zehlendorfer Wählergemeinschaft Unabhängiger Bürger (WUB), Stefan Reisner, fest: „Die heutige Spekulation schafft keine Kunstwerke wie die Alsen-Kolonie, sie reißt ab. Und Ahnungslosigkeit, eine geschichtslose Cleverness, der pure Umstand werden oft zur Ursache von nicht wiedergutzumachenden Zerstörungen." Als exemplarisch für diese Praxis führt Ketels den Umgang mit der Villa Alsen an und kommt zu dem Ergebnis: „Das von Wilhelm Conrad geschaffene ‚Paradies' ist untergegangen."[10] Gewiss war dieses „Paradies" ein höchst elitäres Projekt. Doch gleichzeitig schufen die Gründer, ihre Landschaftsplaner und Architekten ein städtebauliches Gesamtkunstwerk, das zu schützen und zu erhalten eine kulturhistorische Leistung gewesen wäre.

Der Blick vom anderen Ufer: Die Villen Am Sandwerder

Wenn man nun auf das andere Ufer des Wannsees schaut, das schon Fontane einst als das am besten geeignete Baugebiet für eine Villenkolonie ausgemacht hatte, fällt der Befund auch nicht so niederschmetternd aus. Dieses Gelände an der heutigen Straße Am Sandwerder bietet wegen seiner höheren Lage auf der Haveldüne einen noch besseren Blick über den Wannsee mit der Insel Schwanenwerder bis hinüber nach Kladow. Es gehörte ursprünglich zum Rittergut des Prinzen Friedrich-Karl von Preußen, der 1864 als Oberbefehlshaber den Sieg im Deutsch-Dänischen Krieg errang, in dessen Verlauf die Düppeler Schanzen und die Insel Alsen an Deutschland fielen. Aus diesem Grund nannte er sein Rittergut fortan Düppel.

Ihn verband mit dem Gründer der Villenkolonie Alsen, Wilhelm Conrad, nicht nur die nationale Begeisterung über diese Eroberungen. Der Prinz ließ nach dem Vorbild Conrads seinen Besitz am Wannsee parzellieren und ab Mitte der 1870er Jahre als Baugrundstücke an reiche Berliner Investoren verkaufen. Anders als die Kolonie am Westufer entwickelte sich die Bebauung an der damaligen Friedrich-Karl-Straße auf dem Sandwerder nicht aufgrund einer geschlossenen Planung, sondern nach und nach. Dabei entstanden ebenfalls herausragende Villenbauten mit weitläufigen Parkanlagen, die sich bis hinunter an das Seeufer erstrecken. Ihre Türme und Terrassen lugten ebenso wie die der Kolonie Alsen hier und da aus den Bäumen am Ufer hervor und bildeten so eine perfekte Ergänzung des Landschaftsbildes rund um den See. Viele der Villen sind erhalten und stehen heute als Ensemble gemeinsam unter Denkmalschutz.

Das Landesdenkmalamt beschreibt die Lage so: „Die Wassergrundstücke Am Sandwerder 1/41 bilden mit ihren vornehmen Wohnsitzen und ausgedehnten Gartenanlagen ein einmaliges Ensemble von herausragender städtebaulicher, architekturgeschichtlicher und gartenkünstlerischer Qualität." Kennzeichnend sei „die zurückgezogene, von der Straße kaum einsehbare Lage der prächtigen Villen und Landhäuser. (…) Hoch über dem Wannsee, mit weitem Abstand vom Ufer zeigen sie repräsentative, auf Fernsicht konzipierte Fassaden." Hervorgehoben werden auch die entlang der Straße errichteten Remisen, Pförtner- und Gärtnerhäuschen. „Ab 1874, über einen Zeitraum von rund 60 Jahren entstanden, sind viele unterschiedliche, zumeist aber konservative Baustile vertreten."

Das Landesdenkmalamt fährt fort: „Parallel zur baulichen Entwicklung hat sich zwischen der Straße Am Sandwerder und dem Seeufer eine einzigartige Gartenlandschaft entwickelt; einige der herausragenden Anlagen sind bis heute ohne eingreifende Veränderungen überliefert." Diese sind freilich für die Öffentlichkeit kaum zugänglich. „Die Gärten […] dokumentieren die Entwicklung der Gartenkunst für diesen Zeitraum – vom Landschaftspark bis zum architektonisch gestaltèten Garten – und gehören damit zu den bemerkenswertesten Anlagen Berlins."[11]

Wir schauen uns einige Beispiele genauer an. Gleich am Anfang der Straße steht mit der Hausnummer 5 die prächtige Villa Guthmann, in der heute das Literarische Colloquium zu Hause ist. Sie gehörte einst Robert Guthmann, Besitzer des größten Kalksandsteinwerks Europas bei Königs Wusterhausen. Nur wenige Meter weiter erhebt sich mit der Hausnummer 9 die imposante Villa Otzen, die sich der Architekt und spätere Präsident der Akademie der Künste Johannes Otzen 1882/83 nach eigenen Entwürfen bauen ließ. Sie nimmt nach dem Urteil des Landesdenkmalamtes eine herausragende Stellung unter den Villenbauten Berlins ein. Die Gesellschaftsräume gelten mit ihrer originalen Ausstattung als einzigartiges Zeugnis großbürgerlicher Wohnkultur des ausgehenden 19. Jahrhunderts. Einiges von dem glänzenden Berliner Gesellschaftsleben, das sich in den Villen am Sandwerder zwischen dem Ende des 19. Jahrhunderts und der Machtergreifung der Nationalsozialisten 1933 entwickelte, blitzt heute bei den Veranstaltungen und Gartenfesten des Literarischen Colloquiums wieder auf. Wir stellen dieses kulturelle Leuchtfeuer am Wannsee mit seiner weit über Berlin hinausreichenden Strahlkraft an anderer Stelle ausführlich vor.

Wenige Häuser weiter, Am Sandwerder 17/19, steht das 1886 ebenfalls von Johannes Otzen für den Industriellen Franz Oppenheim und seine erste Frau Else, eine geborene Mendelssohn, entworfene Anwesen. Der aus einer bedeutenden jüdischen Familie stammende Oppenheim spielte eine wichtige Rolle beim Aufbau der deutschen chemischen Industrie und gehörte der Leitung des Fotokonzerns Agfa sowie der I.G. Farben an. Nach dem Tod seiner ersten Frau 1904 heiratete Oppenheim Margarete Wollheim, eine bedeutende Kunstsammlerin jener Zeit. Sie ließen sich am Heckeshorn, nun auf der anderen Seite des Wannsees, eine weitläufige Villa von dem Architekten Alfred Messel bauen, die als Villa Oppenheim in die Geschichte eingegangen und ebenfalls erhalten ist.

Ein Haus als Spiegel der Geschichte

Das Haus mit der Adresse Am Sandwerder 17/19 kaufte 1927 der jüdische Bankier Hans Arnhold und ließ es zu einem modernen Wohnsitz seiner Familie umbauen. Dabei verschwanden alle neugotischen Elemente des ursprünglichen Baus. Die historische Struktur aber mit den beiden Torhäusern – in einem lebte der Gärtner, im anderen der Kutscher bzw. Chauffeur – blieb erhalten. Die beiden Gebäude imitieren den Stil der Villa und rahmen die Zufahrt, die auf einem kleinen Vorplatz mündet. Diese typische Torsituation wiederholt sich auf den benachbarten Grundstücken.

Von nun an spiegelte dieses Anwesen viel von der bewegten deutschen Geschichte der folgenden Jahrzehnte. In den späten 1920er Jahren führten die Arnholds ein offenes Haus, in dem sich regelmäßig Künstler und Intellektuelle aus dem Kulturleben der Weimarer Republik mit den bekanntesten Bankiers und Industriellen trafen. Mit der Machtübernahme der Nationalsozialisten mussten die Arnholds aus Deutschland flüchten und ließen sich schließlich in New York nieder. Ihr Haus eignete sich die Deutsche Reichsbank an und überließ es 1938 dem Journalisten und zeitweiligen Pressesprecher Adolf Hitlers, Walther Funk, als dieser Wirtschaftsminister und später Reichsbankpräsident wurde. Er gehörte zu jener Schicht der Nationalsozialisten um Joseph Goebbels, die sich bemühten, das einst pulsierende bunte gesellschaftliche Leben in Wannsee unter braunen Vorzeichen fortzusetzen. Nach 1945 wurde er im

Hauptkriegsverbrecherprozess in Nürnberg angeklagt und zu lebenslanger Haft verurteilt, aus der er 1957 entlassen wurde.

Nach dem Krieg benutzte die US-Armee die Villa als Offiziersklub und später als Freizeitzentrum, das bis in die 1990er Jahre zu einem lebendigen Treffpunkt der amerikanischen Community in Berlin wurde. Die Familie Arnhold hatte ihren Besitz Anfang der 1950er Jahre zurückerhalten und später an das Land Berlin verkauft, das ihn wiederum an die Amerikaner verpachtete. Nach dem Fall der Mauer und dem Abzug der US-Truppen aus Berlin entstand die Idee, hier eine Institution zur Pflege der deutsch-amerikanischen Beziehungen anzusiedeln. Daraus ist die American Academy entstanden, ein Zentrum des transatlantischen intellektuellen Austausches, das an die besten Traditionen des weltläufigen Geisteslebens in Wannsee vor dem Naziregime und dem Zweiten Weltkrieg anknüpft. Wir kommen darauf an anderer Stelle zurück.

So wie einst die Reichsbank, so besitzt auch die Bundesbank ein prächtiges Anwesen am Wannsee; ob sich da manche vielleicht an alte Zeiten erinnert haben? Im Jahr 1965 kaufte die damalige Landeszentralbank Berlin das Anwesen Am Sandwerder 29–31, ein über 16000 Quadratmeter großes Doppelgrundstück. Der südliche Teil des Parks ist als eingetragenes Gartendenkmal geschützt, auf dem anderen befinden sich eine Villa und ein Bootshaus aus den 1890er Jahren, die der Bundesbank als Gästehaus dienen. Der 2017 bekannt gewordene Plan, auf dem Grundstück einen Neubau mit 1500 Quadratmetern Nutzfläche für Veranstaltungen und Seminar zu errichten, stieß auf heftigen Widerspruch einiger Nachbarn. Die Nachbarn befürchteten ein „veritables Schulungs- und Konferenzzentrum mit Ganzjahresbetrieb“, ein „Strandbad de luxe für Bundesbeamte“, wie es im Juli 2020 im *Tagesspiegel* hieß. Sie klagten gegen die Baugenehmigung, was einen jahrelangen Rechtsstreit auslöste.[12]

Das Gericht entschied schließlich, die Baugenehmigung so zu belassen, ihr aber einige sehr genaue Bestimmungen hinzuzufügen: Es darf nur ein Sommerfest pro Jahr mit maximal 300 Teilnehmern geben, und zwar an einem Sonnabend von 14 bis 19 Uhr. Auf Bootssteg und Liegewiese dürfen sich maximal 20 Personen tummeln. Sonderveranstaltungen darf es zwei bis dreimal monatlich geben, höchstens bis 22 Uhr und nie parallel zu Seminaren. Die Anwohner waren aber auch damit nicht einverstanden und legten erneut Einspruch ein, den das Oberverwaltungsgericht im August 2023 endgültig abwies.

So hat sich in den bald 150 Jahren ihrer Existenz trotz aller Umbrüche eines nicht geändert in der Villenkolonie Wannsee: das Nebeneinander des Wunschs nach Diskretion und Exklusivität einerseits und die Anziehungskraft für Kulturschaffende, Politiker und Wissenschaftler aus aller Welt andererseits, diesen besonderen Ort am Berliner Wannsee für kreatives Arbeiten, Meinungsaustausch und die Entwicklung neuer Ideen zu nutzen.

Kapitel 4
Die Intellektuellen und die Prominenten

Ein Stück USA am Wannsee – Die American Academy

An einem regnerischen Novemberabend ist es ziemlich einsam in der Straße Am Sandwerder. Man passiert das Literarische Colloquium, das an diesem Abend still und dunkel daliegt, eine Ausnahme, wie wir später noch sehen werden. Die etwas düstere Vorortstimmung schwindet, wenn schon bald hinter einer hohen Hecke die Lichter einer hell erleuchteten Villa blinken und am Tor ein freundlicher Herr mit einer Liste in der Hand einen guten Abend wünscht. Ist der Name des Besuchers gefunden und abgehakt, läuft man die letzten Schritte zum Haus der American Academy, tritt durch die große Eingangstür und trifft auf eine Überraschung. Im Foyer haben sich schon Dutzende Gäste eingefunden, die einem Vortrag der amerikanischen Historikerin Mary Elise Sarotte lauschen wollen. Es herrscht eine angeregte, erwartungsfreudige Stimmung, ein deutsch-amerikanisches Stimmengemisch, ein fröhliches „Hallo, wie geht's“ und „Hello, how are you?“.

Hier trifft sich die deutsch-amerikanische Community Berlins, die rund um die American Academy am Wannsee seit 25 Jahren ein reges interkulturelles, transatlantisches Geistes- und Gesellschaftsleben führt. Zentrum ist das Hans Arnhold Center, wie der Sitz der Academy offiziell heißt, in Erinnerung an den deutsch-jüdischen Bankier, der die damalige Villa Oppenheim 1927 für sich und seine Familie gekauft hatte. Er führte hier am Wannsee einen der wichtigsten Salons der deutschen Hauptstadt jener Jahre und brachte regelmäßig Künstler,

Musiker, Intellektuelle und nicht zuletzt führende Köpfe aus dem Banken- und Wirtschaftsleben zusammen, wie es auch bei ähnlichen Gesellschaften in den Villen der Nachbarschaft war. Eines Abends spielte der berühmte Cellist Pablo Casals für die Arnholds und ihre Gäste.

Wannsee war zu jener Zeit ein beliebter Treffpunkt einer arrivierten Großstadtgesellschaft, meist liberal-konservativ, weltoffen, umtriebig und, nicht zu vergessen, oft auch deutsch-jüdisch. An diese Traditionen knüpft die American Academy an, mit einem besonderen Schwerpunkt auf der Pflege der transatlantischen Beziehungen in Kultur, Politik und Wissenschaft.

Es gehört zu den nur am Wannsee so möglichen Besonderheiten dieses Ortes, dass man aus den Fenstern des Hauses bei Tageslicht in der Ferne eine andere, berühmt-berüchtigte Villa am gegenüber liegenden Ufer erkennen kann: Es ist jene, in der 1942 die Vernichtung der europäischen Juden organisiert wurde. Zu der Zeit war die Bankiersfamilie Arnhold längst in die USA emigriert, ihr Haus am Sandwerder hatte sich Hitlers Wirtschaftsminister und Reichsbankpräsident Walther Funk angeeignet (vgl. Kapitel 3). Ein gern gesehener Gast war Propagandaminister Joseph Goebbels, der fast in Sichtweite schräg gegenüber auf der Insel Schwanenwerder wohnte. Funk wurde 1945 in Nürnberg zu lebenslanger Haft verurteilt.

Ausgerechnet die Erben und Nachkommen der damals vertriebenen Arnholds gehören heute zu den wesentlichen Finanziers der American Academy, auch so eine besondere Berliner Geschichte. 1953 erhielten sie die Villa zurückerstattet und verkauften sie später an die Bundesrepublik, die sie wiederum an die US-Armee verpachtete. Die Militärs nutzten die Villa am See als Erholungsstätte für die Soldaten und ihre Familien. Es wurde gefeiert, gebadet, gegrillt und einmal legte sogar Prince bei einem DJ-Wettstreit Platten auf.

Villa der American Academy in Berlin
(Blick vom Großen Wannsee)

„Die Academy ist so, wie wir alle die USA sehen wollen“

Die Idee zur Gründung der Academy kam Richard Holbrooke, damals US-Botschafter in Berlin und Freund der Familie von Präsident Bill Clinton, als 1994 die letzten Soldaten der amerikanischen Berlin Brigade die Stadt verließen. Es ging darum, die nach dem Krieg zunächst zwischen West-Berlin und den USA entstandenen engen Bindungen zu erhalten und ihnen eine neue Qualität zu geben. Gemeinsam mit Henry Kissinger, Richard von Weizsäcker, Fritz Stern und anderen gelang das Projekt. Die American Academy hat stets ihre Überparteilichkeit betont, dennoch war sie in ihren ersten Jahrzehnten geprägt von Anhängern der Demokratischen Partei, von Emigranten aus dem Deutschland der Nazizeit und deren Familien, von Linksliberalen mit einer Neigung zu Deutschland. In den

Regierungszeiten von in Deutschland besonders umstrittenen US-Präsidenten wie George W. Bush und Donald Trump war die Academy auch stets ein Hort dieser liberalen Community, manche verstanden sie als eine Art Gegenpol zu der offiziellen Botschaft der USA am Brandenburger Tor.

Die Academy ist schon immer ein Treffpunkt der wichtigsten politischen Akteure der transatlantischen Beziehungen, ganz im Geiste und im Sinne ihres Gründers Holbrooke. Der von ihr jährlich verliehene Henry-A.-Kissinger-Preis ist eine der renommiertesten internationalen politischen Auszeichnungen. Im Jahr 2023 erhielt Nato-Generalsekretär Jens Stoltenberg den Preis, die Laudatio hielt Bundespräsident Frank-Walter Steinmeier, auch ein Preisträger. Für solche Anlässe mit großem geladenen Publikum verlässt die Academy oft die Villa am Wannsee und sucht sich eine repräsentative Örtlichkeit in Berlin-Mitte. Großzügige Sponsoren helfen dabei.

Seit 1998 haben hier an die 500 Wissenschaftler, Schriftsteller, Künstler und Journalisten mit einem Stipendium für einige Monate arbeiten und wohnen können. Vor allem bei Schriftstellern ist die Academy sehr beliebt, die meisten Bewerbungen kommen aus ihrem Kreis. Schon bei der feierlichen Eröffnung 1993 gehörte mit Arthur Miller einer der Großen der amerikanischen Literaturszene zu den Gästen. Susan Sontag war hier Ehrengast, später folgten Bestsellerautoren wie Jonathan Franzen, Jeffrey Eugenides oder Jonathan Lethem als Stipendiaten, und in manchen ihrer Bücher sind die Spuren ihres Berlin-Aufenthalts zu finden. Auch der viel diskutierte kritische Text über Angela Merkel und die Deutschen, den der Autor George Packer für das Magazin *The New Yorker* geschrieben hat, ist hier entstanden, und Packer hat hier an seinem aufsehenerregenden Buch über den Niedergang der amerikanischen Idee gearbeitet, *Die Abwicklung*.[1]

Die Academy bemüht sich darum, dass ihre Fellows kein Leben wie im Elfenbeinturm draußen am Wannsee führen, sondern sich in Berlin umtun. Das führt unmittelbar zur Belebung der politisch-kulturellen Szene der Hauptstadt, die wiederum auf die Arbeit der Stipendiaten zurückwirkt. Das bestätigt auch Mary Elise Sarotte, eine führende Historikerin zu Themen des Kalten Krieges und der Ost-West-Beziehungen, der an diesem Abend im November 2023 an die hundert Besucher lauschen. Sie war schon zwei Mal als Fellow hier, ihr neuestes Buch zur Geschichte der Nato-Osterweiterung hat sie am Wannsee konzipiert. *Der Spiegel* hat die Academy einmal als das wichtigste Zentrum amerikanischen intellektuellen Lebens außerhalb der USA beschrieben.

„Die Academy ist so, wie wir alle die USA sehen wollen: intelligent, eloquent, nicht engstirnig“, sagt Gary Smith, ihr langjähriger Präsident. Das mache auch einen Teil ihrer Anziehungskraft aus, weil jeder wisse, dass die USA in Wirklichkeit eben nicht so seien. Hier wird noch eine Debattenkultur gepflegt, die es in und zwischen den geschlossenen, verfeindeten Denkblasen der USA nur noch selten gibt. Und so sind in der Academy selbstverständlich immer auch einmal Konservative und Republikaner zu Gast, wenn vielleicht auch nicht gerade jene, die sich dem Trump-Lager zugehörig fühlen. Einmal im Jahr aber sind alle Ressentiments vergessen, und es wird groß gefeiert. Dann lädt die US-Botschaft am 4. Juli zur Feier des Unabhängigkeitstages an den Wannsee, und dann verwandeln 1300 Gäste Villa und Park in einen Ort rauschender Geselligkeit, wie es in den Sommern der 1920er Jahre manchmal auch gewesen sein mag. Der Höhepunkt ist am späten Abend ein Feuerwerk, das sich im Wasser spiegelt und den Wannsee leuchten lässt – und ein kulturelles Leuchtfeuer, das ist die American Academy allemal.

Wannsee als geistige Lebensform

Monica Black, eine amerikanische Professorin für die Geschichte des modernen Europa, hat in ihrer Zeit als Fellow an der Academy Wannsee als „geistige Lebensform" erlebt. Sie, die hier ein Buch über *Deutsche Dämonen* geschrieben hat, versteht nun wirklich etwas vom Mythos Wannsee.[2]

Sie beschreibt die Villa mit Blick auf deren Geschichte als ein Geisterhaus, in dem die Geister vieler Vergangenheiten fortlebten: „Diese Geschichte von Entwurzelung, Exil und nicht vollendeter Rückkehr, von unvorstellbarer Tragik, unwahrscheinlichen Ausrichtungen und Neuorientierungen, vermittelt den Eindruck eines geschlossenen Regelkreises, eines Anfangs, einer Mitte und eines Endes. Von der Demokratie zum Faschismus und retour. Die eigentümliche, auch ein wenig aus der Zeit gefallene Atmosphäre, die der American Academy am Wannsee ihr so reizvolles Fluidum verleiht, ist eine unmittelbare Folge dieser bewegten Geschichte eines deutschen Geisterhauses im 20. Jahrhundert. (…) Hitzeliebende Wüstenpflanzen, deren Heimat die beiden Amerikas sind, wachsen neben einem kalten klaren See in Deutschland. Arnhold und Funk. Goebbels und Prince. Kissinger und Sontag. Solche ungewöhnlichen Paare gedeihen am Wannsee."[3]

Ein anderer Beleg für ihre These findet sich, Zufall oder nicht, nur ein paar Häuser neben der Academy, am Beginn der Straße Am Sandwerder. Hier residiert das Literarische Colloquium, ebenfalls ein weit über Wannsee hinaus strahlendes kulturelles Leuchtfeuer, ebenfalls eine Art Geisterhaus, wie Monica Black es beschrieben hat. Der Bauunternehmer und Gründer der Rüdersdorfer Zementwerke Robert Guthmann kaufte Anfang der 1880er Jahre das große Grundstück am Beginn der damaligen Friedrich-Karl-Straße auf der Haveldüne, 25 Meter über dem Wannsee.

Er ließ eine weitläufige Villa im damals von den reichen Berlinern geschätzten Renaissancestil bauen, wie man ihn auch bei den Villen am Kurfürstendamm fand. Als die Bauarbeiter kamen, musste die Seglergruppe Lustige Sieben, einige der wohlhabenden Villenbesitzer aus der Nachbarschaft, ihr Quartier in einem Gartenhaus auf dem Grundstück räumen. Ihre damals auf die andere Seeseite vertriebene Gruppe gilt als Ursprung allen geselligen Seglerlebens am Wannsee; aus ihr entstand der dann der bis heute bestehende Verein Seglerhaus am Wannsee, der zweitälteste Deutschlands.

Guthmanns „verkleinerter Renaissancepalast" (Georg Brasch) mit seinen Türmen, Zinnen und Erkern fand Bewunderer und Kritiker. Der West-Berliner Architekturpapst Julius Posener stellte später abschließend fest: „Bescheidenheit wäre das letzte Wort, das diese Villa bezeichnen könnte. Dies einmal akzeptiert, ist das Haus überzeugend."

Die Guthmanns führten in den Jahren um die Jahrhundertwende und danach ein offenes Haus. Man traf sich mit prominenten Nachbarn, den Oppenheims, Wessels, Otzens und Gutschows, und pflegte das gesellschaftliche Leben des Berliner Großbürgertums. Bei ihnen verkehrten Bankiers, Industrielle und Künstler. Als 1898 die Villenkolonien Alsen und Wannsee mit Stolpe zu einer Landgemeinde zusammengeschlossen wurden, ließ sich Robert Guthmann zum ersten Gemeindevorsteher wählen. Wohl auch, um der weiteren Ansiedlung von Ausflugsgaststätten entgegenzuwirken. Ein Anliegen, das die Anwohner bis heute verfolgen, wie der Streit um das Gästehaus der Deutschen Bank am Sandwerder zeigt.

Nach dem Tode Guthmanns 1924 vermietete dessen Enkel und Erbe das Haus an den Bankier Ernst Goldschmidt, einen entfernten Verwandten des Dramatikers Carl Zuckmayer. Auf diese Weise kam der mittellose Zuckmayer 1925 zu einer Bleibe in der Villa, die er in seinen Erinnerungen so beschrieb:

Villa Guthmann:
Domizil des Literarischen Colloquiums Berlin

„Es war ein gräßlicher Kasten im Stil einer imitierten Ritterburg, aber es hatte einen Park mit Seegrund und ein großes achteckiges Turmzimmer, von dem man einen prächtigen Ausblick in die Landschaft hatte."[4] Hier schrieb er die Komödie *Der Fröhliche Weinberg*, die zum meistgespielten deutschen Theaterstück der 1920er Jahre wurde und für den Dramatiker den Durchbruch bedeutete, was auch dringend nötig war, denn: „Der Hausherr durfte nicht ahnen, wie meine finanzielle Lage bestellt war. Küche und Keller waren vorzüglich, die

Zigarren standen offen zum Gebrauch. Wenn ich in die Stadt musste, lieh mir der Kammerdiener Paul das Fahrgeld. Auch versorgte er mich mit den von seinem Herrn nur einmal gebrauchten Rasierklingen und mit anderen notwendigen Artikeln."[5] So trug sich hier Jahrzehnte, bevor das Literarische Colloquium die Villa bezog, schon die erste Form von Literaturförderung zu.

1934 erwarb der Ingenieur, Hochschullehrer und Unternehmer Paul Otto Rosin die Villa. Er musste sie aber schon vier Jahre später unter dem Druck der Nationalsozialisten wegen seiner jüdischen Abstammung weit unter Wert verkaufen und konnte dann nach England emigrieren. Das Anwesen gelangte in den Besitz der Kriegsmarine, die nächsten Hausgeister im Sinne von Monica Black. Die Marine etablierte dort eine geheime Versuchsstation zur Entwicklung eines Ein-Mann-U-Boots. Zu diesem Zweck wurde das Atrium zu jenem großen Saal ausgebaut, der heute noch als Veranstaltungsraum dient. So grotesk der U-Boot-Plan anmutet (der an diversen technischen Problemen scheiterte), so befremdlich wirkt auch der Briefwechsel zwischen dem Oberkommando der Kriegsmarine und dem Bezirksamt Zehlendorf über die Frage, ob die neuen Eigentümer beim Neubau eines Labors im Park eine 85-Meter-Schutzzone zum Seeufer einhalten.[6]

Nach dem Krieg wurde aus der Villa Am Sandwerder 5 das Casino-Hotel am Wannsee, in dem zunächst vornehmlich Gäste der amerikanischen Militärregierung abstiegen. Aber auch die Schriftstellerin und Kommunistin Anna Seghers wohnte hier nach der Rückkehr aus dem Exil in Mexiko 1947 für einige Monate, bevor sie auf Drängen der SED in den sowjetischen Sektor Berlins umzog. Der jüdische Alteigentümer Rosin erhielt 1953 das Anwesen zurückerstattet und verkaufte es an die Hotelpächterin. Da aber der Hotelbetrieb zunehmend unter Klagen der Nachbarn litt und das Gebäude immer reparaturbedürftiger wurde, bot sie die Villa dem Land Berlin zum Kauf an, das sie schließlich 1960 für 250 000 D-Mark erwarb. Wenn man die heutigen Grundstückspreise betrachtet, war das schon aus diesem Grund eine äußerst lohnende Investition. Allerdings hatte der Senat für die vielfältig vorgeschlagenen Nutzungen dieses Hauses – zur Debatte standen unter anderem eine „Trinkerheilanstalt", ein Heim für 150 „Geisteskranke" oder ein Volkshochschulheim – erst einmal keine Mittel zur Verfügung, und so stand es einige Zeit leer.

Arkadien für Schriftsteller – Das Literarische Colloquium

In diesem Zustand entdeckte der Lyriker und Germanistikprofessor Walter Höllerer das Anwesen bei einem Spaziergang. Er war auf der Suche nach einem Tagungsort für die Schriftsteller der Gruppe 47, die sich im Oktober 1962 in Berlin treffen wollte, und das Casino-Hotel erwies sich als ideal für diesen Zweck. Das Treffen vom 26. bis 28. Oktober 1962 war zugleich der Auftakt zur Entwicklung des Literarischen Colloquiums, einer einzigartigen Einrichtung zur Entdeckung und Förderung von Autorinnen und Autoren, ein wundervoller Ort zur Begegnung, zum Austausch, zur Anregung und zum Auftritt von Schriftstellern aus Deutschland und der ganzen Welt. Aus den bescheidenen Anfängen in einem heruntergekommenen Gästehaus in etwas abgeschiedener, aber exzellenter Lage ist die größte und bedeutendste Literaturinstitution im deutschsprachigen Raum und weit darüber hinaus geworden.[7]

Wie bei der American Academy nebenan waren auch hier Mäzene aus den USA die entscheidenden Geburtshelfer. Weil dem Senat für die Einrichtung des Literaturzentrums das Geld fehlte, stellte die Ford Foundation Anfang 1963 Spendenmittel zur Verfügung – allerdings unter der Bedingung, dass die laufende Finanzierung vom Land Berlin gesichert würde. So übernahm der Berliner Senat das LCB und blieb bis heute Hauptfinanzier des Hauses.

Förderlich für die Gründung des LCB war die angespannte politische Lage jener Jahre kurz nach dem Mauerbau. Der Kalte Krieg erlebte einen vorläufigen Höhepunkt, und neben der militärischen Hochrüstung führten beide Seiten auch einen Krieg um die Köpfe vor allem der heranwachsenden Generationen. Ein besonders prekärer Ort war West-Berlin, diese Insel inmitten der DDR. Viele Menschen und auch Unternehmen verließen die Stadt in Richtung Westen. Wenn sie nicht absterben sollte, musste man junge Leute hierherlocken. Die Amerikaner investierten Millionen in den Ausbau der unter ihrer Ägide gegründeten Freien Universität in Dahlem, und im britischen Sektor wurde die Technische Hochschule Charlottenburg zur Technischen Universität Berlin aufgewertet. Dazu legte die Ford Foundation ein Millionenprogramm für Künstlerprogramme und Kunstprojekte auf, aus dem die LCB-Gründung finanziert wurde. So entstand im Südwesten Berlins, in Dahlem und am Wannsee, ein neues geistiges Zentrum, das an die von den Nationalsozialisten zerstörten Traditionen anknüpfte. Das geschah zum Teil in genau jenen Gebäuden, in denen zuvor die Nazis ihr Unwesen getrieben hatten, wie in den Villen am Wannsee. Geisterhäuser, in denen nun die Ideen der liberalen Demokratie propagiert wurden, wie vor allem die Amerikaner sie nach dem Krieg insbesondere den jungen Deutschen nahebringen wollten.

Das LCB sollte ein Ort der Begegnung von Autoren, Kritikern, Übersetzern und Verlegern sein, sich aber auch der Öffentlichkeit präsentieren. Die Gästezimmer des einstigen Hotels erlaubten und erlauben verschiedene Residenzprogramme für Autoren und Stipendiaten aus dem In- und Ausland. In den ersten Jahren boten Günter Grass, Hans Werner Richter und Peter Rühmkorf Schreibwerkstätten an, an denen später erfolgreiche Autoren wie Peter Bichsel, Hubert Fichte oder Hans Christoph Buch teilnahmen. Öffentliche Lesungen, Diskussionen und Streitgespräche lockten von Beginn an viele Interessierte aus der Stadt an, die mit der *S-Bahn nach Arkadien* fuhren, wie ein Fotoband zum 50. Jubiläum des LCB hieß.

Das LCB hatte sich von Anfang an darum bemüht, hier an der Nahtstelle zwischen Ost und West Begegnungsmöglichkeiten für Autoren aus beiden Welten zu schaffen. Mit dem Mauerfall 1989 aber öffnete sich das weite Reich der osteuropäischen Literatur ganz unverstellt, und umgekehrt. Heute finden hier jedes Jahr zwischen 120 und 150 literarische Ereignisse für die Öffentlichkeit statt. Wer die Webseite des LCB besucht, findet ein fast unüberschaubares Angebot an Veranstaltungen. Ein Höhepunkt für die Literaturszene der Hauptstadt und darüber hinaus ist das alljährliche Sommerfest des LCB im Haus und Park am Wannsee, das den großen Gesellschaften der Guthmanns vor über 100 Jahren am selben Platz kaum nachstehen dürfte. Auch hier ist also der Mythos Wannsee höchst lebendig, in immer wieder neuen Formen.

Die Gruppe 47 zu Besuch bei Heinrich von Kleist

Dazu beigetragen hat auch jene Tagung der Gruppe 47, die am Beginn des Literarischen Colloquiums stand. Die Runde der einflussreichsten Schriftsteller der jungen Bundesrepublik beging mit ihrem Treffen am Wannsee 1962 ihr 15-jähriges Jubiläum zu einem Zeitpunkt, da sie aus heutiger Sicht „den Zenit ihres Renommees erreicht" hatte, wie der Literaturwissenschaftler Jan Bürger feststellte.[8] Äußeres Zeichen dafür war, dass *Der Spiegel* ihre Tagung mit einer Titelgeschichte begleitete: „Ob

Das Grab von Heinrich von Kleist

Clique oder Kumpanei, Autorenbörse oder Prüfstand der Talente, ob nihilistisch, links oder liberal – Tatsache bleibt, dass die Gruppe 47 heute Deutschlands literarische Metropole ist“, hieß es darin.[9]

So passte es, dass sich einige aus der Gruppe in einer Pause aufmachten, einen bedeutenden Ahnen zu besuchen: Heinrich von Kleist. Er war der erste der deutschen Literaten und Intellektuellen, der den besonderen Reiz des Wannsees entdeckt hatte. Er wählte einen Platz in seiner Nähe, um sich und seiner todkranken Gefährtin Henriette Vogel 1811 das Leben zu nehmen – und setzte damit einen Ausgangspunkt für den sich langsam entwickelnden Mythos Wannsee im Geistesleben der Deutschen. Ihre letzten Stunden in Stimmings Krug an der Wannseebrücke sind ausführlich dokumentiert, und ihr Grabmal am Ort der tödlichen Schüsse oberhalb des Kleinen Wannsees ist seit jeher ein Anziehungspunkt für Geistesverwandte wie für Touristen. Zu welcher Spezies nun genau die kleine Gruppe prominenter Schriftsteller zählte, die sich im Oktober 1962 dort versammelte, ist nicht wirklich zu sagen, außer natürlich, dass sie der gleichen Profession wie der Dichter angehörten. „Die Frage, woran wie noch anzuknüpfen wäre, bleibt an Kleists Grab am Wannsee so extrem wie intim“, schrieb der Feuilletonist Jens Bisky. „Manche halten hier nur kurz Rast bei einem kleinen Spaziergang um den See. Andere zitieren Prinz Homburgs Unsterblichkeitsmonolog zur Prüfung der Leistungen des eigenen Gedächtnisses. Nicht immer liegt ein dunkler Schatten über diesem Grab.“[10]

Jedenfalls hatten Hans Werner Richter, Peter Rühmkorf, Alfred Andersch und Kollegen nur einen kleinen Spazierweg zu bewältigen, um das Grabmal an der Bismarckstraße zu erreichen. Sie besuchten einen Dichterkollegen, der, anders als sie, zu Lebzeiten wenig erfolgreich und am Ende mittellos und verzweifelt war. Kritische Kleistbiografen sehen in seinem Selbstmord eine letzte dramatische Inszenierung, die ihm schließlich neben dem erst post mortem erkannten Wert seines Werks zu dem Ruhm verhalf, den er zu Lebzeiten nicht erlangen konnte. Die ebenso düstere wie romantische Geschichte des Doppelfreitodes, der landschaftlich attraktive Ort ihres Geschehens und die denkmalgerechte Präsentation trugen dazu bei, dass Kleist untrennbar mit dem Mythos Wannsee verbunden ist.

Ein damals vom *Spiegel* veröffentlichtes Foto zeigt Richter, Rühmkorf und Andersch an dem von einem Gitter umzäunten Grabmal, das 1962 noch in dem von den Nationalsozialisten 1936 geschaffenen Zustand war. Die Nazis hatten versucht, Kleist für sich zu vereinnahmen, und tauschten den Grabstein aus, der Verse des jüdischen Dichters Max Ring trug: „Er lebte sang und litt / In trüber, schwerer Zeit / Er suchte hier den Tod / Und fand Unsterblichkeit." Der neue Stein zeigte ein Zitat aus Kleists Stück *Prinz Friedrich von Homburg*: „Nun, o Unsterblichkeit, bist du ganz mein." Zum 200. Todestag des Dichters wurden Grabanlage und Grabstein 2011 neugestaltet. Nun trägt der Stein auf der Vorderseite wieder die Worte Max Rings und dazu die Lebensdaten von Henriette Vogel, auf der Rückseite das Kleistzitat. Ein Besuch kurz nach dem Todestag im November 2023 zeigt, wie lebendig das Andenken ist. Kränze der Heinrich-von-Kleist-Gesellschaft und des Kleist-Museums aus Frankfurt (Oder) schmücken das Grab, dazu eine kleine Flasche Rotkäppchen-Sekt – zur symbolischen Aufheiterung in den düsteren Novembertagen dieses Jahres?

Hans Werner Richter mit Peter Rühmkorf (2. v. l.) und Alfred Andersch (r.) bei einer Tagung der Gruppe 47 am 1. Juni 1962 in Berlin

Das Treffen am Wannsee trug sich in einer politisch höchst angespannten Zeit zu. Die Kubakrise näherte sich ihrem Höhepunkt. Die noch von der Erinnerung an den erst gut 15 Jahre zuvor beendeten Zweiten Weltkrieg geprägten Europäer lebten mit der Angst, dass ein Atomkrieg zwischen den USA und der Sowjetunion drohen könnte. Innenpolitisch schien die Freiheit von Presse und Literatur in Gefahr, denn just an diesem Wochenende besetzte die Polizei die Hamburger *Spiegel*-Redaktion, nahm den Chefredakteur Rudolf Augstein und weitere Kollegen wegen Landesverrats fest und beschlagnahmte Materialien der Redaktion. Die Schriftsteller der Gruppe 47 formulierten umgehend eine Protestresolution. So erinnerte der als rauschendes Fest beschriebene Abschiedsabend der Literaten ein wenig an einen Tanz auf dem Vulkan, dem sich den Schilderungen zufolge besonders intensiv Alfred Andersch und Ingeborg Bachmann widmeten.[11] Heute wissen wir, dass dies erst der Auftakt zu Jahrzehnten lustvollen Arbeitens und Feierns Am Sandwerder Nummer 5 war.

Der Boulevard entdeckt den Wannsee: Hier wohnen die neuen Traumpaare

Kehren wir noch einmal zurück in die Zeit nach dem ersten Weltkrieg, in die 1920er Jahre. Als Zeitungen, Magazine und der Kinofilm zu Massenmedien wurden, entstand eine ganz neue Art der Prominenz, die die breite Öffentlichkeit interessierte: Filmschauspieler. Wer zur Welt dieser neuen Stars gehören wollte, musste am Wannsee wohnen, das war keine Frage. Neben der prächtigen Lage hatte das auch einen praktischen Vorteil: Man wohnte im Grünen und konnte ebenso schnell in die Glitzerwelt der Berliner Kaufhäuser, Restaurants, Kinos und Theater gelangen wie nach Babelsberg, wo die großen UFA-Filme produziert wurden.

Heinrich George und Berta Drews, Gustav Fröhlich und Lída Baarová, Heinz Rühmann und Hertha Feiler, Paul Verhoeven und Doris Kiesow hießen einige dieser damals prominenten „Traumpaare“ des deutschen Kinos, die in den 1920er und 1930er Jahren an den Wannsee zogen und dem Ort noch einmal eine ganz neue Aura verliehen. Sie waren Teil der Legende der tollen Zwanziger in Berlin und führten in ihren Häusern am Wannsee ein privilegiertes Leben fernab der Unruhen und Umbrüche der Weimarer Republik. Die aufziehenden düsteren Wolken des Nationalsozialismus, der Judenverfolgung und der Kriegspropaganda ignorierten sie.

Wie günstig manche dieser Stars an ihre Wassergrundstücke gekommen waren, kümmerte sie offenbar wenig. „Als Paul [Verhoeven] vom Eigentümer, einem Herrn Lessing, durch das Wannsee-Haus geführt wurde, (...) muss meinen Eltern allein schon durch den Namen Lessing klar gewesen sein, dass dieser Mann Jude war und lieber selber in dem Haus geblieben wäre, als es zu verkaufen", zitiert Anja Klabunde seinen Sohn Michael.[12]

Heinz Rühmann mit Ehefrau Hertha Feiler beim Wellenreiten auf dem Wannsee, 1939

Heinz Rühmann konnte 1938 das Haus Am Kleinen Wannsee 15 für einen um 40 Prozent reduzierten Preis von der aus Berlin vertriebenen jüdischen Familie des KaDeWe-Gründers Adolf Jandorf kaufen. Es brannte im Krieg ab. Die Versuche seiner Witwe Helene, den Grundstückswert erstattet zu bekommen, lehnte das Landgericht Berlin 1952 mit kaum verhohlenen antisemitischen Formulierungen ab.[13]

Nach dem Krieg war Berlin ebenso zerstört wie die deutsche Filmindustrie, und die Babelsberger UFA-Studios lagen nun in der DDR. Als sich die Westdeutschen wieder für Stars und Sternchen zu interessieren begannen, hatte sich die Szene großenteils nach München verzogen und statt des Wannsees zählte nun eine Adresse am Starnberger See. Einige aber hielten auch Berlin die Treue. Dazu zählte das erste Traumpaar des westdeutschen Films, Nadja Tiller und Walter Giller. Sie lebten in Wannsee – bis sie Ende der 1950er Jahre doch dem Luganer See den Vorzug gaben. Auch Götz George, Sohn des berühmten Heinrich George, blieb in der Nähe seines Elternhauses, das am Kleinen Wannsee lag, nicht weit entfernt vom Kleistgrab. Er wohnte nun in der Terrassenstraße am Schlachtensee und pendelte zwischen Berlin und seinem zweiten Wohnsitz auf Sardinien.

Nicht weit davon lebte Günter Pfitzmann, der mit TV-Serien wie *Praxis Bülowbogen* in den 1970er und 1980er Jahren zu einem der populärsten deutschen Fernsehstars wurde. Ein wenig repräsentierte er später auch die West-Berliner Provinzialität, die nach dem Mauerbau das einst so mondäne Wannsee überschattete. Seine Karriere begonnen hatte er aber als Gründungsmitglied des Berliner Kabaretts Die Stachelschweine.

Ein Held verschiedener TV- und Kabarett-Serien war zu jener Zeit auch Dieter Hallervorden, nachdem er 1960 mit einer Bewerbung bei den Stachelschweinen gescheitert war und darauf die eigene Kabarettgruppe Die Wühlmäuse gründete. Er lebte in den 1980er Jahren auf der Wannseeinsel Schwanenwerder. In hohem Alter machte er sich um das Berliner Kulturleben verdient, indem er das traditionsreiche Schlosspark Theater übernahm und als Theater ohne eigenes Ensemble führt, dabei aber auch selbst noch häufig auf der Bühne steht.

Der Eiserne Gustav, ein Original aus Wannsee

Heinz Rühmann aber, einer der wenigen prominenten Schauspieler, die vor, während und nach der Nazizeit ihre Karriere pflegen konnten, hielt sich nach dem Krieg fern von Wannsee, wo er bis 1945 gewohnt und gute Beziehungen zu Joseph Goebbels und seiner Frau auf Schwanenwerder unterhalten hatte. Erst 1958 besuchte der Star des Kinofilms über den Hauptmann von Köpenick wieder seinen alten Wohnort, um Haus und Hof seines nächsten Kinohelden, des Droschkenkutschers Gustav Hartmann, in Augenschein zu nehmen. Als Eiserner Gustav ist dieser zu einem der bis heute verehrten Berliner Originale geworden, und die populäre Darstellung durch Rühmann hat daran keinen geringen Anteil. Als der Film herauskam, waren die spektakulären Ereignisse, durch die Hartmann einst berühmt geworden war, schon 30 Jahre her und über Naziverbrechen und Weltkrieg fast in Vergessenheit geraten.

Es entbehrt nicht einer gewissen Ironie, dass mit Rühmann einer aus der Reihe der Reichen und Schönen, die in den 1920er Jahren den Ruhm Wannsees in die Welt trugen, nun eine der Personen spielte, ohne die das mondäne Leben dieser feinen Leute gar nicht denkbar gewesen wäre – die Dienstboten, die einfachen Leute aus Wannsee, die es ja auch gab. Hartmann war in heutigen Begriffen eher eine Art Dienstleister. Er hatte 1885 mit 26 Jahren das erste Fuhrunternehmen in Wannsee gegründet und sich bald einen Namen gemacht. Er war der „Eiserne Gustav“, der bei Wind und Wetter, Eis und Schnee von sieben Uhr früh bis zum letzten Nachtzug zuverlässig mit seiner Pferdekutsche vor dem S-Bahnhof Wannsee stand. Die Kundschaft wusste das zu schätzen – es waren die Villenbesitzer aus der Kolonie Alsen, die Siemens, Liebermanns, Oppenheims, Langenscheidts, mit allen war er gut bekannt. Die Geschäfte liefen gut, Hartmann hatte bald mehrere Droschken und diverse Kutscher im Einsatz und konnte sich um die Jahrhundertwende ein Haus mit Remise, Ställen und drei Etagen an der Alsenstraße bauen lassen. Es ist bis heute gut erhalten, und genau dort schaute sich Heinz Rühmann 1958 um.

Nach dem Ersten Weltkrieg ließen die Geschäfte freilich nach, denn nun kamen Automobile in Mode und boten als Taxis bald eine bequemere Möglichkeit, von hier nach da zu kommen. Die 1920er Jahre mit all ihren Verrücktheiten, Rekorden und Sensationen brachten Gustav Hartmann schließlich auch auf eine verrückte Idee: Er wollte mit seiner Kutsche von Berlin nach Paris fahren, mit Ende 60 sein Kutscherleben mit einem Knalleffekt beschließen. Bei aller Droschkennostalgie war Hartmann ein gewiefter Mann. Er verkaufte seine Geschichte vorab an die *BZ am Mittag*, ein Massenblatt aus dem Ullstein Verlag. Er bekam 1000 Mark Vorschuss, ein Reporter würde ihn begleiten und regelmäßig exklusiv über die Reise berichten.

Und so ging es am 2. April 1928 in der Alsenstraße los: Eine Blaskapelle begleitete den Eisernen Gustav mit seinem Fuchswallach Grasmus auf den letzten Metern aus Wannsee hinaus in die weite Welt. Schon nach wenigen Tagen war das Gespann berühmt, eine rollende Sensation, wie Hartmanns Biograf Gunnar Müller-Waldeck es beschrieb.[14] Der Kutscher aus Wannsee wurde zu einem Massenereignis. In Dortmund säumten 150000 Menschen die Straßen, als er in die Stadt einfuhr. Französische Zeitungen griffen die Geschichte auf, sodass sich sein Triumphzug auch nach dem Grenzübertritt fortsetzte. Als er bei Verdun die Schlachtfelder des Ersten Weltkriegs erreichte, besuchte er ein französisches Gefallenendenkmal, nahm den weißen Zylinder seiner Kutscheruniform ab und verneigte sich. Hier wurde der Subtext seiner Reise deutlich, die nach 50 Jahren deutsch-französischer Feindschaft mit zwei Kriegen den Charakter einer Friedensfahrt annahm und damit den Zeitgeist traf. So erlebte er auch in Paris nach zwei Monaten auf dem Kutschbock einen triumphalen Empfang und wurde zehn Tage lang gefeiert, bevor er sich mit seinem Pferd auf den Heimweg machte.

Der Eiserne Gustav:
Gustav Hartmann in Paris, 5. Juni 1928

Die politische Dimension der Reise wurde in den Medien erkannt. „In der Ära deutsch-französischer Verständigungspolitik bleibt Gustav Hartmann ein Gipfel", schrieb der Dramatiker Ernst Toller 1929 in einem Essay über die Rückkehr Hartmanns nach Berlin.[15] Erich Kästner widmete ihm ein Gedicht: „Was wollen Völker mit Genies? / Wir Völker wollen Gustavs haben, / Die langsam, aber sicher traben!" schrieb er unter dem Titel *Die Gustavs.* Damit ehrte der Schriftsteller den Eisernen Gustav und seinen Namensvetter Gustav Stresemann. Dem damaligen Außenminister war 1926 zusammen mit seinem Amtskollegen Aristide Briand der Friedensnobelpreis verliehen worden.

Hartmann hatte an seiner Droschke die schwarz-rot-goldene Fahne drapiert, was in der politisch aufgeheizten Stimmung daheim als Bekenntnis des populären Volkshelden zur Weimarer Republik verstanden wurde, sehr zum Missfallen der nationalistischen Rechten. Der Schriftsteller Hans Fallada, der Hartmanns Reise zum Anlass für seinen 1938 erschienenen Roman *Der eiserne Gustav* nahm, wurde von Joseph Goebbels persönlich gezwungen, sein Manuskript um ein Hitler-freundliches Schlusskapitel zu erweitern, den „Nazi-Schwanz", wie Fallada es nach dem Krieg spöttisch nannte.

Das Buch wurde dann 1979 Grundlage für eine erfolgreiche Fernsehserie, die Wolfgang Staudte mit Gustav Knuth in der Hauptrolle drehte, nun schon 50 Jahre nach den Ereignissen. Sie festigte noch einmal die Rolle dieses Droschkenkutschers aus Wannsee im kollektiven Bewusstsein als Berliner Original neben dem Hauptmann von Köpenick und Heinrich Zille. Seit dem Jahr 2000 erinnert ein Denkmal an Gustav Hartmann. Es steht an der Potsdamer Straße in Schöneberg, ein Abschnitt der historischen Reichsstraße 1, die als Königstraße auch Wannsee durchmisst und auf welcher der Eiserne Gustav 1928 in Richtung Paris aufbrach.

An den Aufregungen jener Jahre gemessen, ist Wannsee heute ein ruhiger und beschaulicher Ort, dessen prominente Einwohner die Diskretion schätzen. Und so richtige Leinwandstars hat Deutschland heute nicht mehr zu bieten. Umso mehr feiern die Boulevardmedien es, wenn Hollywood sich plötzlich einmal an die Vorzüge des Wannsees erinnert und etwa in Gestalt des inzwischen wieder entzweiten Traumpaares Angelina Jolie und Brad Pitt, genannt Brangelina, dort Station macht wie im Herbst 2008. Für drei Monate mietete sich die Familie mit ihren sechs Kindern in einer leerstehenden Villa Am Sandwerder ein – „mit einer Entourage von 14 Sicherheitsleuten, zwei Nannys und drei Köchen", wie die Zeitschrift *Gala* zu berichten wusste.[16] Es habe sich um ein 12 000 Quadratmeter großes Anwesen gehandelt, zu dem drei prächtige Gründerzeitvillen mit 2800 Quadratmetern Wohnfläche und 20 Zimmern, ein eigener Bootssteg sowie ein Hubschrauberlandeplatz gehörten, zu haben für eine Miete von 30 000 Euro im Monat. Brad Pitt stand in dieser Zeit in Babelsberg für den Film *Inglourious Basterds* des Regisseurs Quentin Tarrantino vor der Kamera. Der erzählt die Geschichte einer Gruppe jüdischer Soldaten, die 1941 im besetzten Frankreich auf ein Himmelfahrtskommando gegen die Nazis geschickt wird. Und so schließen sich in Wannsee immer wieder die Kreise.

Kapitel 5
Das Wasser

Wir haben über die Landschaft und ihren Zauber geschrieben, über die Menschen und ihre Häuser, die sie am Wannsee in den vergangenen 150 und mehr Jahren gebaut haben, über Geschichte, die sich hier ereignet hat. Doch all das hätte es nicht gegeben ohne diesen See, der allem seinen Namen gegeben hat und die Insel Wannsee mit seinem Wasser umspielt. Das Wasser, es ist das entscheidende Element dieser Topografie. Die ersten Siedler nutzten es zur Ernährung, doch seit dem 19. Jahrhundert sind es vor allem zwei Gründe, die seine Anziehungskraft ausmachen: der Reiz seines Anblicks und die sportlichen Möglichkeiten, die es bietet.

Alle sprechen selbstverständlich von dem „See“, doch eigentlich ist er nicht mehr als eine große Bucht des nicht ganz so großen Flusses Havel. Der Große Wannsee also. Er ist etwa 2,5 Kilometer lang, einen guten Kilometer breit und bedeckt eine Fläche von 2,8 Quadratkilometern. An seiner tiefsten Stelle ist er neun Meter tief. Er hat einen Konkurrenten im Osten Berlins: Der Müggelsee ist auch schön gelegen und viel größer – aber an den Ruf, die Prominenz, das Mondäne des Wannsees reicht er doch nicht heran.

Der Verein Seglerhaus am Wannsee

Man kann die um die Mitte des 19. Jahrhunderts aufkommende, von Spandau ausgehende Lust am Segeln auf der Havel als harmlose Freizeitgestaltung betrachten, die sich am Treiben der königlichen Familie auf dem Wasser orientierte. In Potsdam ließen die Hohenzollern die Matrosenstation am Jungfernsee als Heimathafen ihrer Boote errichten, und an der Pfaueninsel entstand ein Schiffsschuppen für die Royal Luise, die der englische König seinem Cousin, König Friedrich Wilhelm III., 1832 schenkte. Ein originalgetreuer Nachbau der Miniaturfregatte liegt heute im Winter wieder in dem restaurierten Schuppen.

Doch die Entwicklung des Segelsports hatte auch eine andere als nur eine sportliche Dimension. „Diese Havelsegelei um Berlin wurde spannend und gesellschaftlich interessant, nachdem Preußen im Krieg gegen die damalige Seemacht Dänemark im Jahr 1864 bei den Düppeler Schanzen und auf der Insel Alsen die dänische Armee besiegt hatte", schreibt Rolf Bähr in seiner Chronik des Vereins Seglerhaus am Wannsee. „Die Landmacht Preußen hatte ein maritimes nördliches Königreich geschlagen. Seekriegsführendes Material wie Schiffe, insbesondere auch Segelschiffe, wurde mit einem Male in Preußen populär."[1] Es war dieser deutschnationale Geist, der den Gründer Wilhelm Conrad seine Kolonie nach der den Dänen abgerungenen Insel Alsen nennen und die Statue des Flensburger Löwen als Trophäe am Wannsee aufstellen ließ. Und so hatte auch das Segeln auf dem See in dieser Zeit eine durchaus patriotische Note, zumal es vornehmlich von den herrschenden Schichten des Adels und des Großbürgertums betrieben wurde. Am Wannsee waren das vermögende Berliner Industrielle, Kaufleute, Bankiers und prominente Künstler. Ihre Villengrundstücke am West- und Ostufer besaßen zumeist auch Stege, von wo aus sie diese spannende neue Freizeitbeschäftigung betreiben konnten. Schon bald wuchs ihr Bedürfnis, die Segelkünste zu messen, Regatten zu organisieren, die Boote an einem gemeinsamen Platz zu halten und so eine Art maritimes Gesellschaftsleben zu entwickeln. Der erste Segelverein an der Havel entstand 1867 als Gesellschaft der vereinigten Segler der

Unterhavel. Hier hatten noch die Kapitäne aus Spandau und Pichelswerder das Sagen, die den Wannsee eher als Ausflugsziel sahen.

Eine Keimzelle der einzigartigen Entwicklung der folgenden Jahrzehnte am Wannsee ist genau auszumachen. Es sind die „Lustigen Sieben", sieben segelbegeisterte reiche Männer, die sich ab 1879 in einem Gartenhaus auf dem späteren Grundstück von Robert Guthmann, dem heutigen Sitz des Literarischen Colloquiums, trafen. Dort tranken und tafelten sie nach ihren Segeltörns und planten Größeres. „Wir müssen uns gemeinsam Grundbesitz schaffen, der unsere Mitglieder zusammenhält", riet Wilhelm Conrad, der zu dem Kreis ebenso wie der Maler Oscar Begas hinzustieß. Als sie das Haus aufgrund beginnender Bauarbeiten an der Villa Guthmann räumen mussten, fanden sie sich mit anderen zusammen und erwarben 1881 auf der anderen Seeseite aus dem Besitz Conrads günstig das Wassergrundstück Am Großen Wannsee 22, auf dem sie Stege, eine Scheune für die Boote und ein kleines Fachwerkhaus für ihre Treffen errichten ließen. Dort entwickelte die zunächst auf 30 Männer begrenzte exklusive Gemeinschaft ein reges Vereinsleben. Eine an einem Mast aufgezogene rote Laterne signalisierte den Mitgliedern, wenn abends noch etwas los war im Club.

So entstand der Verein Seglerhaus am Wannsee, der zweitälteste Segelclub Deutschlands und bis heute einer der prestigeträchtigsten, mit über die Jahrzehnte zahllosen internationalen Regattaerfolgen und Olympiasiegern. Er baute sich 1910 an gleicher Stelle ein prächtiges, bis heute erhaltenes und genutztes Clubhaus. Es war in jenen Jahren Mittelpunkt des gesellschaftlichen Lebens am Wannsee, aber mit seinen Festen, Empfängen und Regatten auch ein Anziehungspunkt für die Eliten aus der Hauptstadt. Hier war der Ort, um zu sehen und gesehen zu werden, Kontakte zu knüpfen, Geschäfte und

Verein Seglerhaus am Wannsee: Vereinsheim

Bündnisse anzubahnen. Und damit ein wichtiger Schnittpunkt zwischen Sport, Politik und Wirtschaft, der seinen Anteil am Werden des Mythos Wannsee hatte.

Das entscheidende Element dieser Entwicklung aber war das Wasser. Und somit war die Frage, wer Zugang zu diesem Wasser hatte, ebenfalls entscheidend. Die Koloniegründer sorgten dafür, dass ihre Mitglieder mit dem Kauf der Grundstücke samt Steganlage auch einen exklusiven Zugriff auf den Wannsee bekamen, der gleichwohl ein öffentliches Gewässer war. Aber man wollte hier keinen Ausflugsbetrieb für jedermann. Bis heute bildet die Ronnebypromenade, eine kleine Grünanlage an der Dampferanlagestelle unterhalb des S-Bahnhofs, den einzigen öffentlichen Zugang zum Großen Wannsee. Wer hier zu einem Seespaziergang starten will, muss erst einmal über zwei Kilometer meist ohne Blick auf den See an verschlossenen Grundstücken entlangwandern, bis er am Heckeshorn wieder ans Wasser kommt. Erst hier, am Ende der

Bebauung, beginnt dann ein sehr schöner Wanderweg am Seeufer entlang Richtung Klein Glienicke.

Ungeachtet der exklusiven Anfänge hat sich der Wassersport am Wannsee in den vergangenen 120 Jahren zu einer breiten Massenbewegung entwickelt. Um den See herum gibt es heute 20 Segelvereine, zehn Ruderclubs und einige Taucherclubs. Auch der erste Windsurfclub der Welt ist nicht etwa in Kalifornien, auf Sylt oder an der Ostsee gegründet worden, sondern 1972 hier am Wannsee, gegenüber der Insel Schwanenwerder. Bis heute hat der Wind-Surfing-Verein Berlin dort seine Heimat mit der schwimmenden Surfstation Windanna.

Eine Art Gegenstück zum traditionsreichen Verein Seglerhaus findet sich jenseits der Brücke, wo der Kleine Wannsee beginnt. Hier liegt das stattliche Vereinshaus des Berliner Ruder-Clubs (BRC), der mit seinem Gründungsjahr 1880 genauso alt ist wie das Seglerhaus. Er verdankt seinen Sitz einem vom Rudersport begeisterten Unternehmer, dem Verleger und Druckereibesitzer Georg Büxenstein. Der Bewunderer des Kaisers Wilhelm II. überließ 1909 dem ursprünglich nahe der Oberbaumbrücke an der Spree beheimateten Klub das Grundstück mit der großen Villa, die der Verein als „eines der schönsten und repräsentativsten Klubhäuser Berlins“ beschreibt.[2] Das Haus ist grundlegend modernisiert worden, doch die kunstvoll geschnitzte dunkle Holztäfelung ist ebenso erhalten wie das „Kaiserpreiszimmer“, in dem in Glasvitrinen die von den Hohenzollern gestifteten prachtvollen Pokale stehen; an den Wänden hängen große Ölgemälde der preußischen Monarchen. Auch dieser Klub mit seinen heute 700 Mitgliedern ist stolz nicht nur auf seine Geschichte, sondern auf eine lange Liste von Siegern bei nationalen und internationalen Wettbewerben.

Einen ganz anderen Charakter als der BRC mit seinen kaiserlichen Traditionen hat gleich nebenan der Schülerruderverband mit ebenso exklusiver Lage am Kleinen Wannsee und einer Geschichte, die bis in das Jahr 1903 zurückreicht. Hier rudern über 600 Schülerinnen und Schüler aus 30 Berliner Schulen, die solche Arbeitsgemeinschaften unterhalten. Ihre Boote lagern in zwei großen, sorbischen Speicherbauten nachempfundenen, über hundert Jahre alten Holzbootshäusern, finanziert von den Eltern der damaligen Gymnasiasten. Vom See aus sind in altertümlicher Frakturschrift gehaltene Inschriften an den Giebeln zu lesen, darunter: „Vom Wasser haben wir's gelernt: Das Wandern".

Das Wasser. An diesem Platz zeigt sich, dass neben den exklusiven Clubs der Reichen schon früh auch Breitensport am Wannsee betrieben worden ist. Hier, unterhalb des Kleistdenkmals, hatten und haben auch Kinder aus Familien, die sich keine eigenen Boote oder gar einen Liegeplatz am Wannsee leisten konnten, die Chance, den See und sein Wasser sportlich zu erobern.

Das Strandbad

Etwa zur gleichen Zeit entwickelte sich am gegenüberliegenden Ufer des Großen Wannsees eine völlig andere Wassersportkultur, die keinerlei Boote bedurfte. Berlin war um die Jahrhundertwende zu einer Industriestadt mit explodierender Bevölkerungszahl geworden. Hunderttausende lebten unter beengtesten Verhältnissen und schlimmen sanitären Bedingungen in düsteren Mietskasernen. Die zuvor beliebten Flussbadeanstalten an der Spree waren überfüllt und von Jugendbanden beherrscht, die Wasserqualität wurde angesichts zunehmend eingeleiteter Industrieabwässer immer bedenklicher. Aber mit der Eisenbahn ließ sich seit 1891 schnell eine ganz andere Welt erreichen: der Wannsee mit klarem Wasser, hellem Sandstrand und grünem Waldrand.

Bald tummelten sich an den sommerlichen Wochenenden der Jahre 1904/1905 tausende an einer Badebucht in der Nähe der Insel Schwanenwerder, die wiederum Anziehungspunkt für unzählige neugierige Spaziergänger wurde. Schließlich zeigten sich hier leicht oder auch gar nicht bekleidete Männer und Frauen gemeinsam in der Öffentlichkeit, das war schon eine Sensation in der wilhelminischen Welt.

Das ging eine Weile ganz gut, doch das freie Baden in Flüssen und Seen war in Preußen verboten, und mit der Zeit fühlten sich die Villenbesitzer am Wannsee durch die Menschenmengen aus der Stadt in ihrer Ruhe belästigt. Also wurden Gendarmen zu Fuß, zu Pferd und mit dem Fahrrad in Marsch gesetzt, um dem Treiben ein Ende zu bereiten. Immerhin ging es hier auch um die öffentliche Moral und die Verteidigung der staatlichen Autorität. Doch der Zeitgeist im späten Kaiserreich war schon ein anderer. Es war eine Zeit, in der sich Arbeitersportverbände und Naturfreundegruppen, der Wandervogel und andere nicht mehr so vaterländisch gesinnte Organisationen bildeten und Rückendeckung von sozialdemokratischen Politikern erhielten. Das war auch am Wannsee so.

Der für den damals zum Landkreis Teltow gehörenden Wannsee zuständige Landrat Ernst von Stubenrauch von der SPD nahm sich der Interessen der nach Wasser, Luft und Sonne lechzenden Menschen an und warb im September 1906 in einem Brief an den Regierungspräsidenten in Potsdam darum, das Baden in der Bucht am Ostufer offiziell zu genehmigen. Nach einigem Hin und Her stimmte die zuständige Forstbehörde zu: „Wir haben im allgemeinen keine Bedenken dagegen erhoben, daß eine etwa 200 Meter lange Uferstrecke am Wannsee als öffentliche Badestelle bezeichnet wird, müssen uns jedoch für den Fall, daß hieraus schwerwiegende Unzuträglichkeiten entstehen sollten, jederzeit Widerruf vorbehalten."[3]

Am 8. Mai 1907 schraubten Mitarbeiter der Forstverwaltung die beiden alten Schilder „Baden verboten“ am Seeufer ab und neue an: „Öffentliche Badestelle“. Damit begann die Geschichte des Freibads Wannsee, wie es zunächst heißen sollte. Der Erfolg war umwerfend. Am vierten Sonntag nach der Eröffnung zählte die Eisenbahndirektion bereits 220 000 Fahrgäste Richtung Wannsee, und es sollten noch mehr werden. Viele der armen Familien fuhren nur die Strecke vom Bahnhof Großgörschenstraße in Kreuzberg bis Schlachtensee und liefen auf Trampelfaden durch den Wald zum See, um die fünf Pfennig mehr bis zur Station Nikolassee zu sparen.

Selbstverständlich nahmen nun auch die Probleme zu: Die Leute hinterließen Abfall, es gab keine Toiletten, niemand kümmerte sich um die Ordnung. Also wurden Regeln geschaffen, von den Behörden erlassen, von Freiwilligen in neuen Badevereinen wie den Wannseaten organisiert und durchgesetzt. Es folgte eine Dreiteilung des Strandes in Abschnitte für Männer, Frauen und Familien, getrennt durch hohe Holzzäune; es entstanden Zelte und Holzhütten zum Umkleiden und mit Sanitäranlagen, die Polizei erließ Kleidungsvorschriften, die verpönte Dreiecksbadehose für Männer wurde verboten, für Frauen das Tragen eines Badeanzugs angeordnet, „der Schultern, Brust, Leib und die Beine etwa bis zum Kniegelenk bedeckt“.

Ein weiterer Versuch von Villenbesitzern, den von dem Freibad ausgehenden Lärm zu unterbinden, scheiterte indes. Einem Schreiben bezüglich „ruhestörenden Lärms im fiskalischen Familienbade Wannsee“ wurde von den Behörden 1911 kein Gehör geschenkt – obwohl zu den Unterzeichnern auch der prominente Maler Max Liebermann zählte, der eine Villa am westlichen Ufer des Großen Wannsees besaß. Zur gleichen Zeit schuf sein Kollege Heinrich Zille vergnügte Bilder vom prallen Strandleben im „Lido der Armen“ am anderen Seeufer. Das Ganze blieb eine Attraktion: Im Sommer 1912 wurden

Heinrich Zilles *Berliner Strandleben*, 1912

500 000 Besucher gezählt. Dazu war das Bad nun ganzjährig geöffnet, im Winter strömten die Berliner in Massen zum Schlittschuhlaufen auf dem damals noch regelmäßig zufrierenden See.

Doch dann kam der Erste Weltkrieg, viele Männer mussten an die Front und die Frauen in die Fabriken, der Spaß war erst einmal vorbei. Das Freibad verfiel, bis es in den 1920er Jahren eine große Renaissance erlebte und schließlich die moderne Form erhielt, die wir heute noch sehen. Der Wannsee gehörte jetzt zu Groß-Berlin und 1924 übernahm die Stadt die Anlage. Der Achtstundentag für die Beschäftigten, die Arbeitslosigkeit der vielen anderen erlaubten mehr Muße und steigerten das Bedürfnis nach erschwinglicher Entspannung von den Mühen der Großstadt in der Natur.

Dies war die Zeit des fortschrittlichen Berliner Stadtbaurats Martin Wagner. Der Architekt und Anhänger der Neuen Sachlichkeit ließ in Berlin moderne, menschengerechte Großsied-

Strandbad Wannsee, von Heckeshorn aus gesehen

lungen wie Bruno Tauts Hufeisensiedlung in Berlin-Neukölln entstehen. 1928 legte er gemeinsam mit dem Architekten Richard Ermisch einen anspruchsvollen Entwurf für ein zeitgemäßes „Weltstadtbad" mit großen Seeterrassen, Wandelgängen, Freitreppen und einem Restaurant am Wannsee vor. Für alle Ideen reichte das Geld nicht, aber dennoch entstand bis 1930 eine eindrucksvolle moderne, massentaugliche Anlage, eine hell verklinkerte Stahlskelettkonstruktion mit horizontalen Fensterbändern, ebenso formschön wie zweckmäßig durchgestaltet. Der brandenburgische Sandboden wurde mit feinerem Ostseesand aufgeschüttet und das Ganze erhielt nun den Namen Strandbad Wannsee. Mit seinem über 1000 Meter langen Strand ist es bis heute das größte Freibad an einem Binnensee in Europa.

Man kann den Bau am Ostrand des Wannsees als ein politisches Statement einer offen gestalteten Gesellschaft gegenüber dem elitären Konzept der Villen am anderen, dem Westufer, verstehen. Er war ein architektonisches Symbol für den demokratischen Aufbruch der Weimarer Republik. Nun besaß auch diese Seite des Sees einen spektakulären, mondänen Auftritt, und zwar für alle, und fügte sich so in die Gesamterzählung vom Mythos Wannsee. Eine Berliner Gedenktafel würdigt am Strandbad Ermisch und Wagner und ihr Werk: „Es gehört zu den bedeutenden Zeugnissen der Architektur der Moderne in Berlin."

Die Berliner liebten das neue Strandbad. Nach der Rekordzahl von 1,3 Millionen Besuchern im ersten Jahr pendelte sich der Andrang in den folgenden Jahren bei einer Million ein. Die Attraktion am Wannsee spiegelte das Lebensgefühl einer neuen Zeit wider, das Bedürfnis vor allem einer jungen gebildeten Generation nach einer neuen Ästhetik, eben der Neuen Sachlichkeit. Ein ikonisches Beispiel dafür ist der 1930 erschienene Stummfilm *Menschen am Sonntag* einer Gruppe junger Filmenthusiasten um den später in den USA als Regisseur berühmt gewordenen Billy Wilder. Der Film zeigt das unbeschwerte Wochenende zweier junger Paare beim Baden, Faulenzen, Flirten und Streiten. Wesentliche Szenen entstanden 1929 und 1930 am Wannsee. „Wir wollen (...) ein Kino der frischen Luft, der echten Menschen, der realistischen Schauplätze", schrieb Wilder in einem Essay über das Filmprojekt.[4] Es entstand eine flirrende Sommergeschichte über das Lebensgefühl der Berliner Ende der 1920er Jahre, die in den Kinos zu einem großen Erfolg wurde.

Wenige Jahre später konnte man erkennen, dass dies auch eine Art letzter filmischer Aufschlag des Freigeistes und der Moderne der Weimarer Republik war, bevor die Nationalsozialisten das Land in ihren reaktionären Griff nahmen. Auch im Strandbad Wannsee waren die Vorboten bald zu spüren. Wie überall versuchten die Nazis auch dort, den öffentlichen Raum zu beherrschen, wobei ihnen das Strandbad wegen der modernen Architektur und der Freizügigkeit des dort gepflegten Umgangs besonders verhasst war. Sie erschienen mit Abzeichen der Hitlerjugend auf den Badehosen und suchten ab 1930 die offene Konfrontation mit Anhängern der Sozialdemokraten und Kommunisten. Es kam zu Rangeleien auf dem Strandgelände, zeitweise stationierte die Polizei zwei Wagen des Überfallkommandos vor dem Bad. Nach der Machtübernahme Anfang 1933 geriet der langjährige engagierte Direktor des Strandbades, der Sozialdemokrat Hermann Clajus, schnell ins Visier der Nationalsozialisten. Er nahm sich am 18. März in seinem Büro am Wannsee das Leben, um sich seiner drohenden Entlassung und Festnahme zu entziehen. Eine Gedenktafel erinnert an ihn.

Wie an vielen Orten, so sollten auch im Strandbad Juden bald aus der Öffentlichkeit vertrieben werden. Das erste 1935 angebrachte Schild mit der Aufschrift „Juden ist das Baden und der Zutritt verboten" mussten die städtischen Behörden auf Weisung des Auswärtigen Amtes 1936 wieder entfernen, um einen schlechten Eindruck auf ausländische Besucher der Olympischen Spiele zu vermeiden. Das Aufspüren und Verjagen jüdischer Besucher übernahmen daraufhin freiwillige SA-Mitglieder in Badekleidung. Auf einer Sitzung des Magistrats im Juni 1937 wurde erneut über das Thema beraten. Stadtmedizinalrat Leonardo Conti erklärte dort laut einem Protokoll: „Ich bin selber der Ansicht, dass wir diesen Zustand der Ausschaltung der Juden aus den Badeanstalten allmählich verschärfen sollten. (…) Ob es bei Wannsee ratsam ist? Wannsee wird sehr viel von Ausländern besucht. Wannsee ist also der kritische Punkt."[5] Ab 6. Dezember 1938 wurde es Juden dann überall verboten, Badeanstalten und Freibäder zu besuchen. Den neuen Geist im Strandbad demonstrierten die Nationalsozialisten derweil auch durch gymnastische Massenübungen.

Während des Zweiten Weltkriegs ging der Badebetrieb weiter, obwohl auf dem Gelände ab 1943 auch eine Luftwaffenhelferkompanie und Einheiten der Organisation Todt stationiert wurden. Und doch kamen im letzten Kriegssommer 1944 noch einmal über 400 000 Besucher. Die aus der Luft gut sichtbare Anlage im Südwesten der Stadt diente den anfliegenden Bomberpiloten der Alliierten als Orientierungspunkt und blieb weitgehend unbeschädigt.

Nach Kriegsende beschlagnahmten erst einmal amerikanische Truppen das Strandbad, doch bald kamen auch die Berliner aus ihrer zerstörten Stadt wieder, um ein wenig Erholung am Wasser zu genießen. Die Wannseebahn war eine der ersten Linien, auf der die S-Bahn schon im Sommer 1945 wieder verkehrte. Bis zu 40 000 zogen an manchen Sommertagen ins Strandbad. So wurde der Strand auch zu einem beliebten Ort, an dem sich junge deutsche Frauen und amerikanische Soldaten kennenlernen konnten. Und schließlich klang ab 1951 Conny Froboess mit ihrem Schlager *Pack die Badehose ein …* mit einer eindeutigen Aufforderung aus den Radios.

So knüpfte das Strandbad fast nahtlos an seine Rolle als Sehnsuchtsort am Wannsee an, die es vor dem Krieg schon hatte. Der Schriftsteller Michael Krüger hat in seinem 2022 erschienenen Essay den 1950er Jahren am Wannsee eine großartige Erinnerung gewidmet: „An Sonntagen im Sommer fuhr man, wenn man etwas auf sich hielt, ins Strandbad Wannsee. Das Strandbad war Ostsee und Nordsee in einem. (…) Das Wasser, das in meiner Jugend nur von wenigen angeberischen Motorbooten aufgepflügt war, in denen die von uns verachteten (in Wahrheit natürlich beneideten) Neureichen ihre Muttis spazieren fuhren, schwappte träge an das immer von blendend weißem Sand gesäumte Ufer."

Krüger beschreibt liebevoll die Segelboote, die wie entfernte Träume blinken, und die Ausflugsschiffe, die damals noch wirklich Dampfer waren. „Alles Schreckliche, Chaotische, Zwanghafte, was unser Leben bestimmte, von der Schule bis

Am Strandbad, 2005

zur Politik, von den sozialen Unterschieden bis zu den Kleiderordnungen, schnurrte hier zusammen zu einer einzigen bewegten Plastik, in der Eis am Stiel geschleckt und Brause getrunken wurde, und wer wenig Geld hatte, brachte seinen Brausepulverwürfel mit (…). So etwa musste, wenn es denn überhaupt eines gab, das Paradies aussehen."[6]

Und so war dieser Ort – gut 20 Jahre, nachdem Billy Wilder und seine Freunde hier ihren Film gedreht hatten, und nach einem auch an diesem Wasser organisierten Völkermord der Deutschen – wieder einer, der das Lebensgefühl einer neuen Generation, einer neuen Zeit spiegelte.

Doch auch diese neue Zeit ging irgendwann über das alte Strandbad hinweg. Das Interesse sank in dem Maße, wie sich immer mehr Berliner an die Strände Italiens und Spaniens aufmachten und der Reiz der weiten Welt gerade in der eingemauerten Stadt West-Berlin umso größer wurde. Die einmaligen Anlagen am Wannsee begannen zu verfallen, bis der Senat schließlich, gerade noch rechtzeitig vor dem 100. Jahrestag 2007, die denkmalgerechte Sanierung des Strandbades in die Wege leitete. So stehen heute an heißen Sommertagen wieder Hunderte Schlange vor den Kassenschaltern im historischen Eingangsgebäude mit seinen reizenden Schmuckelementen in der Ziegelmauer, wie den kleinen Fischmotiven. Das Strandbad ist wieder zum meistbesuchten Berlins geworden, obwohl manche Gebäudeteile wie das legendäre Restaurant Lido noch immer auf die Restaurierung warten.

Den besonderen Reiz des Wassers vor der Kulisse des Strandbades haben inzwischen aber auch ganz andere Protagonisten als die alltäglichen Badegäste entdeckt. Schon in den 1980er Jahren kam das Kulturleben an den Strand, als der 75. Geburtstag mit Matrosenchor und Händels *Wassermusik* gefeiert wurde. Als West-Berlin 1988 Kulturstadt Europas war, gastierte das Bildhauersymposium „Wasserlinie" im

Ein Detail in der Fassade des Strandbades

Strandbad. Hundert Tage lang schufen sechs international renommierte Steinkünstler unter den Augen der Badegäste Skulpturen, begleitet von Ausstellungen und Jazzworkshops.

Im selben Jahr geriet die Inszenierung *Inferno und Paradies* mit Bildern aus Dantes *Göttlicher Komödie* zu einem Riesenspektakel auf dem Wasser und dem Strand, mit hunderten Ruderern, die als Leuchtkäfer über den See schwebten, Wasserfontänen und einer überdimensionalen Leinwand, auf die der Mond projiziert wurde. In den Jahren 2011 und 2012 gab es den Versuch, am Wannsee Opernfestspiele nach dem Vorbild von Bregenz am Bodensee zu etablieren. Die beiden Inszenierungen – die *Zauberflöte* durch Katharina Thalbach und *Carmen* durch Volker Schlöndorff – auf einer Seebühne am Strandbad waren sehr erfolgreich, doch scheiterte die Fortsetzung an bürokratischen Hindernissen und Problemen mit dem Naturschutz.

So bleibt das legendäre alljährliche Spektakel „Wannsee in Flammen“ Mitte September die einzige Gelegenheit, zu der sich der See in eine nächtliche Arena verwandelt. Dann versammeln sich mit Einbruch der Dämmerung Dutzende voll besetzter Fahrgastschiffe aus Berlin und Potsdam auf der funkelnden Wasserfläche und beginnen langsam wie ein großes Karussell zu kreisen. Musik klingt über den See, überall sitzen und feiern Menschen auf den Stegen und Terrassen ebenso wie in dem bis Mitternacht geöffneten Strandbad, es ankern unzählige beleuchtete Boote vor den Ufern. Alle warten auf das Feuerwerk, das am späteren Abend von einem Ponton in der Mitte des Sees aus gezündet wird und eine spektakuläre Lichterschau an den Himmel zaubert. Das Lichterfest läutet das Saisonende ein.

Wenn die Ruhe einkehrt

Sommersaison am Wannsee, das bedeutet heute ein oft unübersehbares Gewimmel aus Motorbooten und Segelschiffen aller Größen, Ruderbooten, Flößen, Tretbooten, Ausflugsdampfern und der zwischen Wannsee und Kladow verkehrenden Fähre. Dazu viele Menschen an dem oft überfüllten Strandbad und den wenigen sonstigen Badestellen. Mittendrin die Boote der Wasserschutzpolizei und der DLRG, die oft mehr als genug damit zu tun haben, die Ordnung auf dem Wasser und an den Ufern einigermaßen aufrechtzuerhalten. Vandalismus, Belästigungen und Grenzüberschreitungen nehmen hier wie überall zu, und wenn Sommerhitze, Alkohol und andere Drogen im Spiel sind, kann es gerade auf dem Wasser auch gefährlich werden.

So freuen sich alle Freunde des Wannsees, wenn im Spätherbst die Stille zurückkehrt, die meisten Boote gut verpackt in ihren Winterlagern ruhen und die natürliche Schönheit des Sees wieder ganz zutage tritt. Nur die Fähre behält das ganze Jahr über ihren Rhythmus bei, fährt zur vollen Stunde vom Anleger in Wannsee in 20 Minuten über den See nach Kladow und zur halben Stunde wieder zurück. Seit 1892 gibt es diese Verbindung. Nur ganz selten war sie seither unterbrochen, meist wegen Eisgangs und einmal sechs Wochen zum Ende des Zweiten Weltkriegs, als der Wannsee zum Kampfgebiet wurde.

Im Jahr zuvor war noch Melitta von Stauffenberg mit der Fähre unterwegs gewesen, genau genommen am 16. Juli 1944. Die Schwägerin von Claus Schenk Graf von Stauffenberg, der vier Tage später eine Bombe in der Nähe Hitlers explodieren ließ und im Vertrauen auf dessen Tod den dann scheiternden Umsturz des Regimes auslöste, war auf dem Weg über das Wasser zur Wohnung der Stauffenberg-Brüder Claus und Berthold in der Tristanstraße in Nikolassee. Dort trafen sich einige der Verschwörer ein letztes Mal vor dem Attentat mit Stauffenberg. Wie Melitta, die Testpilotin bei der Luftwaffe in Gatow war, in ihrem Tagebuch festhielt, hatte sie selbst geschossene und ausgeweidete Kaninchen dabei, die sie an diesem Abend für die Männer in der Tristanstraße zubereitete. Es wurde spät, und als Claus' Bruder Berthold sie zur letzten Fähre brachte, konnte sie wegen Überfüllung nicht zusteigen und verbrachte die Nacht in der Stauffenberg-Wohnung. Da waren es nur noch drei Tage bis zum Attentat.[7]

Es ist ein für sich genommen banales Vorkommnis und doch eng verknüpft mit einem der großen historischen Ereignisse der deutschen Geschichte des 20. Jahrhunderts, dessen das Land noch heute jährlich gedenkt. So erweist sich der Wannsee immer wieder als ein Ort dieser Geschichte, sein Wasser als ein Element des Mythos Wannsee.

Kapitel 6
Die dunkle Seite

Ein deutsches Haus

Die beiden Blicke, die Assoziationen, sie sind verstörend. Der Blick vom Tor zum Eingang der Villa und der Blick von der Terrasse hinweg über den See. Natürlich sind die Blicke eigentlich harmlos, wenn man nicht weiß, was hier am Westufer des Wannsees geschah. Der Blick über einen schnurgeraden Kiespfad, der im mächtigen Portal der Villa mündet. Der Blick vom Garten über den See hin zur anderen Seite, wo der Sand des berühmten Strandbads hell am Ufer liegt.

Wer aber weiß, was sich hier in der Villa am Großen Wannsee im Januar 1942 zutrug, für den verschwimmt der lange Weg zur Tür des Hauses mit den bekannten Bildern der schnurgeraden Gleise, die zum großen Tor des Lagers Auschwitz führten, dem Weg in den Tod und die Vernichtung.

Wer weiß, dass in dieser Villa an einem Berliner Vormittag die Auslöschung der europäischen Juden mörderisch bürokratisch geplant wurde, der kann kaum fassen, dass die Täter das winterliche Strandbad sahen, wenn sie von ihren Akten aufblickten.

Noch heute, da das Haus zur Gedenkstätte wurde, ist das Nebeneinander der großbürgerlichen Fassade und der Abgrund des Massenmords kaum auszuhalten, wirken die violett blühenden Blumen vor dem Eingang in ihrer Farbenpracht so deplatziert wie die holländischen Kacheln drinnen in der Küche der Villa und der Kamin mit der kalten Asche im Erdgeschoss.

Dabei ist die Erinnerung hier längst sauber sortiert und erklärt in einer guten Ausstellung, in einer Bibliothek im Ober-

Die seeseitige Terrasse der Villa Marlier im Winter

geschoss und in den Gedenktafeln draußen an den Mauern. Alles, was man weiß über den Tag, an dem sich fünfzehn Männer der NSDAP, der Ministerien, der Geheimdienste und des Staatsapparats hier versammelten, um das unfassbare Verbrechen zu verabreden, den Völkermord zu organisieren – alles, was man darüber weiß, ist hier in der Gedenkstätte fassbar gemacht worden.

Seit 1933 hatte der Wannsee eine sinistre Anziehungskraft auf die neuen Machthaber ausgeübt. Joseph Goebbels und Albert Speer zogen an den See. Die Nationalsozialisten verlegten diverse ihrer Ämter und Organisationen in den Südwesten der Stadt. Hermann Göring ließ auf einem 500 000 Quadratmeter großen Gelände am Heckeshorn die neue Reichsluftschutzschule errichten. Deren Gebäude sind bis heute ebenso erhalten wie der dazugehörige Hochbunker, von dem aus während der letzten Kriegsmonate die Luftverteidigung Berlins

Schulungsburg der NSDAP, Am Großen Wannsee 39/41

kommandiert wurde. Auf der Insel Schwanenwerder bereitete die Reichsbräuteschule junge Frauen auf ihr Leben an der Seite von SS-Offizieren vor, während in der beschlagnahmten Villa Am Großen Wannsee 43–45 ein geheimes „Ostforschungsinstitut" die Beherrschung der eroberten Gebiete insbesondere in der Sowjetunion vorbereitete. Die historisch fatalste Rolle aber spielte ebenjene Villa mit der Adresse Am Großen Wannsee 56–58, die der SS als Gästehaus diente.

Das Haus wurde in einem anderen Krieg erbaut, nämlich gleich zu Beginn des Ersten Weltkriegs in den Jahren 1914 und 1915. Eine bittere Volte der Geschichte ist übrigens, dass es der gleiche Architekt entwarf, der auch die nahegelegene Villa des Malers Max Liebermann erbaute: Paul O. A. Baumgarten.

Das Berliner Unternehmerehepaar Marlier, das Baumgarten beauftragte hatte, wohnte hier allerdings nicht lange. Schon 1921 kaufte Friedrich Minoux die Villa von den Marliers. Minoux, politisch erzkonservativ, stand dem Stinnes-Konzern vor,

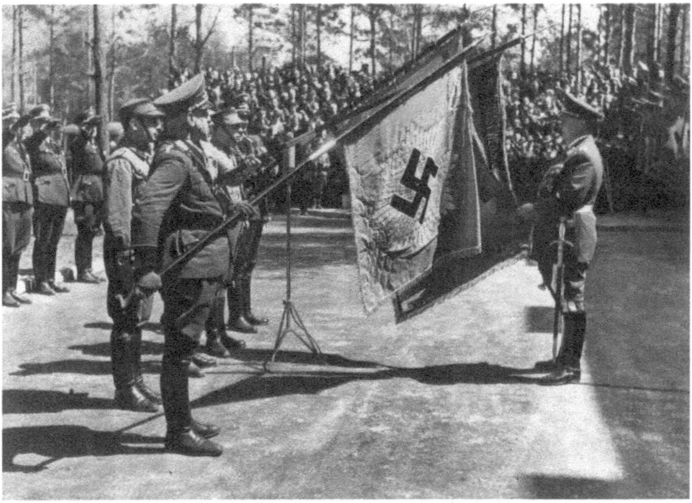

Reichsluftschutzschule der NSDAP

der Mitte der 1920 Jahre einer der größten Arbeitgeber weltweit war. Das Haus war in seiner Größe und seiner exponierten Lage am See nie unauffällig, aber seine Geschichte war eigentlich nicht der Rede wert. Bis zum Jahr 1940. Da kaufte es eine Stiftung der SS mit dem Namen Nordhav.

Zwei Jahre später wurde die Villa dann endgültig zum Ort der Täter. Da hatte der Völkermord an den europäischen Juden mit dem Überfall auf die Sowjetunion im Juni 1941 bereits begonnen. Dort „führten mobile Einsatztruppen der SS Massenerschießungen und – ab Dezember 1941 – Vergasungen von Juden durch. Auch Deportationen in den Zügen der Deutschen Reichsbahn fanden ab Oktober 1941 statt. Zum Zeitpunkt der Konferenz am Wannsee waren mindestens eine halbe Million Menschen ermordet worden."[1] Aber hier, am Wannsee, wurde in jenem Januar 1942 das große Morden bürokratisch endgültig besiegelt und organisiert.

Spätes Gedenken

Heute ist draußen an einem der Zäune ein Satz zu lesen, der auch für die deutsche Geschichte der Villa steht: „In der Gesellschaft der Täter wurde die Geschichte der Shoah aus einer vermeintlich objektiven Perspektive geschrieben. Dabei wurde die eigene familiäre und gesellschaftliche Verstrickung weitgehend ausgeblendet."

Längst heißt die Villa Gedenk- und Bildungsstätte Haus der Wannsee-Konferenz, und das hört sich so an, als habe man hier seit dem Ende des Krieges schon immer der Opfer gedacht und einander historisch gebildet, den Ort als Mahnmal und Denkmal gesehen. Aber genau so war es eben nicht. Fünfzig Jahre mussten in Deutschland vergehen von der „Besprechung mit anschließendem Frühstück zum 20. Januar 1942 um 12 Uhr", zu welcher der SS-Mann Reinhard Heydrich einlud, bis zum 20. Januar 1992, an dem die Gedenkstätte an diesem Ort eröffnet wurde.

Die Jahrzehnte dazwischen, der Kampf um die Villa am Wannsee, der Kampf zwischen denen, die für das Erinnern, und jenen, die für das Vergessen stehen wollten, diese Jahrzehnte illustrieren die deutsche Geschichte mehr, als man sich hätte ausmalen können.

Der 10. Oktober 1974 in Berlin-Charlottenburg ist so ein Tag, der sehr viel über Deutschland, den Wannsee und die Erinnerung an die Villa erzählt. An diesem Januartag springt ein schon älterer Mann, der 61-jährige Historiker Joseph Wulf, in der Giesebrechtstraße aus dem vierten Stock in den Tod.

Wulf hatte Auschwitz überlebt, das Lager, dessen mörderische Möglichkeiten schon auf der Wannseekonferenz eine Rolle gespielt hatten, und den Todesmarsch zu Kriegsende. Aber in den 1970er Jahren der Bundesrepublik, in einer Zeit, in der

Gedenk- und Bildungsstätte Haus der Wannsee-Konferenz:
Innenansicht der Ausstellung

doch alle den Aufbruch suchten, sucht er, der Deutschland so oft überlebt hat, den Tod. Verzweifelt.

Heute trägt die Bibliothek in der Gedenkstätte am Wannsee seinen Namen. Aber in den 1960er und 1970er Jahren fühlten sich viele gestört von ihm und seinem Namen, von dem jüdischen Historiker Joseph Wulf und seinem Plan, aus der Villa der mörderischen Pläne eine Gedenkstätte zu machen. Denn damals sprach kaum jemand darüber, was hier geschehen war, wollte kaum jemand darüber sprechen. Das Protokoll der Besprechung vom Januar 1942 wurde in der Bundesrepublik erst in den 1950er Jahren veröffentlicht. Und der Berliner *Tagesspiegel* schrieb noch Mitte der 1960er Jahre: „Der Völkermord durch die Nazis hat ein deutsches Trauma hervorgerufen, das die ‚Verdrängung' psychologisch begreiflich macht."[2]

Tanzende Kinder im Garten des
Schullandheims des Bezirks Neukölln

Die Kinder aus Neukölln

Es ist im Nachhinein nur sehr schwer zu verstehen, was mit der Villa Am Großen Wannsee 56–58 nach dem Krieg geschah. Kaum zu glauben, dass hier hunderte Kinder im Park am See spielten und in den Etagenbetten lagen über jenem Saal, wo vor nicht langer Zeit die Deportation und Ermordung der europäischen Juden geplant wurde. Der West-Berliner Bezirk Neukölln nutzte das große Haus in guter Lage und guter Luft schon seit 1952 als Schullandheim für die Kinder aus den Hinterhöfen der großen Stadt. Bis zu hundert Mädchen und Jungen konnten hier übernachten, zehntausende haben hier ihre Freizeiten verbracht.

Und daran wollte über Jahrzehnte niemand rütteln, das wollte man sich von dem Historiker, der Auschwitz überlebt hatte, das wollte man sich von Joseph Wulf und all den anderen, die hier eine Gedenkstätte und kein Schullandheim sahen, nicht wegnehmen lassen.

Joseph Wulf in seiner Wohnung in der
Giesebrechtstraße in Berlin-Charlottenburg, 27. August 1968

Die Fotos aus den 1970er Jahren zeigen die Neuköllner Kinder in der Wannseevilla mit ihren Erzieherinnen, ihren Lehrerinnen so unbeschwert, wie sich alle die Gegenwart nach der Vergangenheit wünschten. In den Beeten vor dem Haus blühten die Blumen. Charlottenburg, das Arbeitszimmer des Joseph Wulf in der Giesebrechtstraße, war weit weg. Und auch die Erinnerung. Über Wulfs Schreibtisch hing der Satz: „Erinnere Dich!!! 6 000 000.“[3] Sechs Millionen. Die Opfer wachten über den Historiker. Für ihn gab es kein Vergessen.

Wulf kam 1952 nach West-Berlin, im selben Jahr, in dem aus der ehemaligen SS-Villa am Wannsee ein Schullandheim wurde. Dort, wo er aus dem Fenster sprang, in der Giesebrechtstraße, erinnert heute eine Bronzetafel an ihn.

Die Erinnerung an die Täter, das Gedenken der Opfer, das alles war zäh in Berlin und in Deutschland, in den Jahrzehnten nach dem Krieg. Auch die Erinnerung an die Widerstandskämpfer, die einst am Wannsee lebten, die Erinnerung an die helle Seite, wurde lange vergessen. Dabei waren die Ufer des Wannsees auch ein Ort, an dem der Kampf gegen das Naziregime organisiert wurde. Die berühmteste Adresse ist die Tristanstraße 8, wo Claus Graf Schenk von Stauffenberg, der Hitlerattentäter, lebte. Seine Wohnung war ein Treffpunkt der Widerständler. Um wirklich vertraulich und abhörsicher über ihre geheimen Pläne sprechen zu können, gingen sie oft auf dem Wannsee segeln. Melitta von Stauffenberg, eine Schwägerin von Claus, stieß manchmal zu der Runde hinzu.

Aber auch der sozialdemokratische Pädagoge Adolf Reichwein, ein wichtiges Mitglied und Kontaktmann des Kreisauer Kreises zum kommunistischen Widerstand, lebte mit seiner Frau Rosemarie in Wannsee, wo sie geboren und aufgewachsen war. Sie gehörte selbst zu den im Kreisauer Kreis aktiven Frauen, einer von Persönlichkeiten aus unterschiedlichen Gesellschaftsschichten gebildeten Widerstandsgruppe, die Pläne zur demokratischen Neuordnung Deutschlands nach einem Sturz des Hitlerregimes entwickelte. Während Rosemarie Reichwein den Naziterror überlebte, wurde ihr Mann nach dem Attentat auf Hitler vom 20. Juli 1944 verhaftet, zum Tode verurteilt und drei Monate später in Plötzensee hingerichtet. An ihn erinnert ein Stolperstein vor ihrem einstigen Grundstück in der Hohenzollernstraße 21, das heute mit einigen Reihenhäusern bebaut ist. Schräg gegenüber liegt das erhaltene Haus des Wannseemalers Philipp Franck, eines der wichtigsten Impressionisten um die Jahrhundertwende. Die Eheleute ruhen wie die Francks in einem Ehrengrab des Landes Berlin auf dem Friedhof an der Friedenstraße, dort wieder als Nachbarn vereint.

Tristanstraße 8 in Berlin-Wannsee mit der Wohnung der Brüder Berthold und Claus Graf Schenk von Stauffenberg, Aufnahme aus den 1960er Jahren

Der Erinnerung an den kommunistischen Widerstandskämpfer John Schehr und drei seiner Genossen dient eine Stele an der Königstraße unterhalb des Schäferbergs. Sie sollen dort in der Nacht vom 1. auf den 2. Februar 1934 „auf der Flucht" von Gestapobeamten erschossen worden sein. Sie waren zuvor im KZ Columbiahaus inhaftiert.

Der Wannsee bot manchen verfolgten und verzweifelten Menschen auch ungewöhnlichen Schutz, wie der Überlebende Josef Scherek später berichtete. Er musste sich nach der Ausbombung der elterlichen Wohnung verstecken, weil er als „Halbjude" verfolgt wurde. „Ich nächtigte und wohnte unmittelbar nach der Ausbombung zunächst auf meinem Paddelboot am Wannsee, wo ich mich im Schilf zu verstecken suchte. Das geschah bis zum Eintritt des Frostes. Auf dem Paddelboot blieb ich bei jeglichem Wetter, waschen und rasieren musste ich mich im Freien. Wochenlang konnte ich trotz Kälte und Feuchtigkeit meines Quartiers kein warmes Essen zu mir nehmen. Ich ernährte mich meistenteils im Boot von Brot, rohen Mohrrüben und dergleichen." Dann nahm sich Lucie Strewe, eine stille Heldin aus Schlachtensee, seiner an und organisierte Verstecke für den Verfolgten.[4]

Heute erinnern viele Stolpersteine an die Wannseer Juden, die den Holocaust nicht überlebt haben. Das wäre zu Zeiten des Historikers Joseph Wulf noch undenkbar gewesen. Lange machte sich über dieses Schullandheim, in dessen Mauern Adolf Eichmann im Januar 1942 Protokoll führte, kaum jemand Gedanken. So ist im *Tagesspiegel* am 16. Oktober 1966 der sehr lapidare Satz zu lesen: „Die schreckliche historische Bedeutung einer Wannsee-Villa mit idyllischem Wassergrundstück (…) ist nach dem Kriege von der Öffentlichkeit kaum zur Kenntnis genommen worden."[5]

Aber das änderte sich, als Joseph Wulf die deutsche und die Berliner Politik immer stärker dazu drängte, aus dem Haus am Wannsee ein Dokumentationszentrum für die hier geplanten Verbrechen zu machen. Seine Gegner argumentierten immer wieder mit dem großen Wert des Schullandheims. Es gebe kein anderes Haus, in dem man die Neuköllner Schüler unterbringen könnte, und diese seien schließlich die Zukunft, das andere die Vergangenheit.

Die *Welt am Sonntag* zitiert Klaus Schütz, den Regierenden Bürgermeister Berlins im November 1967 so: „Ich will ein Dokumentationszentrum. Ich will keine makabre Kultstätte."[6] Ein Dokumentationszentrum könne man doch überall in der Stadt errichten. Er wollte nicht am Ort der Geschichte an die Geschichte erinnern.

Aber selbst das Dokumentationszentrum ist bald nicht mehr gewollt. „Der West-Berliner Senat bekundete zunächst Interesse an dem geplanten Dokumentationszentrum. Doch dann weigerte er sich, die Villa am Wannsee zur Verfügung zu stellen. Der Regierende Bürgermeister Klaus Schütz lehnt den Umzug des Schullandheims ab. Das Dokumentationszentrum soll an einem anderen Ort entstehen. Nach langen Verhandlungen scheitert auch dieser Plan an finanziellen und personellen Fragen." So fassen es die Ausstellungsmacher in der heutigen Gedenkstätte kurz und richtig zusammen.[7]

Die ganze Stimmung gegen Wulf und seine Pläne hatte die rechtsextreme *National- und Soldatenzeitung* bereits im Januar 1967 auf einen polemischen Punkt gebracht: „Sollen Berliner Kinder für NS-Verbrechen büßen?"[8] Man könnte hier auch die Gegenfrage stellen: Sollte ein Auschwitz-Überlebender wie Joseph Wulf sich für seinen Kampf um das Gedenken von alten und neuen Nazis in der Bundesrepublik verhöhnen lassen? Aber das ist natürlich auch eine polemische Frage.

Ganz sachlich reagierte selbstverständlich die deutsche Politik in diesen Nachkriegsjahren auf Joseph Wulfs Wunsch, aus der Wannseevilla, in der der Holocaust organisiert worden war, ein Dokumentationszentrum statt eines Schullandheimes zu machen. Bundestagspräsident Eugen Gerstenmaier forderte Mitte der 1960er Jahre ganz einfach den Abriss der Villa: „Da kommt nur eins in Frage, nämlich das Haus abzureißen, so dass keine Spur von dieser Schreckensstätte übrig bleibt."[9] Der Schlussstrich mit der Baggerschaufel.

Joseph Wulf schreibt wenige Monate, bevor er sich in Charlottenburg aus dem Fenster stürzt, in einem Brief an seinen Sohn: „Du kannst Dich bei den Deutschen totdokumentieren, es kann in Bonn die demokratischste Regierung sein, und die Massenmörder gehen frei herum, haben ihr Häuschen und züchten Blumen."[10] Wulf hatte achtzehn Bücher über das

Dritte Reich und die Folgen geschrieben, eine Wirkung seiner Arbeit sah er nicht mehr.

Wulf erlebte noch, was im November 1972 geschah. In jenem Herbst enthüllen Heinz Stücklen, der Bezirksbürgermeister von Berlin-Neukölln, und Heinz Galinski, der Vorsitzende der Jüdischen Gemeinde West-Berlins, eine Gedenktafel neben dem Tor der Villa zur Straße Am Großen Wannsee. Das war nicht zu erwarten gewesen von der Neuköllner Bezirkspolitik, die ja eigentlich immer und immer wieder erklärte: Das ist und bleibt unser Schullandheim.

Parolen und ein Diebstahl

Aber was dann geschieht, lässt wahrscheinlich auch Heinz Galinski wieder sehr an der deutschen Gesellschaft zweifeln. Die Tafel wird mit Parolen beschmiert und schließlich gestohlen. Und was machen die Deutschen, die Berliner? Sie lassen nicht etwa eine neue Tafel am Tor anbringen. Der Mut reicht gerade noch so weit, eine Tafel direkt an der Villa anzuschrauben, hinter den hohen Toren. Wo sie kaum noch jemand sieht.

Doch die Zeiten ändern sich. Langsam. Anfang der 1980er Jahre, Joseph Wulf hat sich da schon längst umgebracht, gibt der Bezirk eine neue Tafel in Auftrag, eine Kopie der alten, und lässt sie wieder draußen am Tor anbringen. Der Text lautet heute noch immer: „In diesem Haus fand im Januar 1942 die berüchtigte Wannsee-Konferenz statt. Dem Gedenken der durch nationalsozialistische Gewaltherrschaft umgekommenen jüdischen Mitmenschen."

Das ist alles nicht falsch. Aber eine Ausstellung in der Villa weist 2020 auf entscheidende Punkte hin, die auf der Tafel noch unerwähnt blieben: „Wer an der Konferenz teilgenommen hatte und was auf ihr besprochen worden war, darüber gibt die Tafel keine Auskunft. Zudem verschweigt sie die Tatsache, dass die ‚jüdischen Mitmenschen' systematisch ermordet worden waren."[11] Und genau diese systematische Ermordung war ja hier organisiert worden – auf einer „Besprechung", wie Reinhard Heydrich das Treffen der Mörder genannt hatte. Wer nach dem Krieg der Zusammenkunft den seltsam wissenschaftlich und geradezu harmlos klingenden Namen „Wannseekonferenz" gegeben hat, ist auch nicht klar. Auf der Tafel am Tor wird das Wort „Konferenz" kommentarlos übernommen.

Und doch: Die 1980er Jahre verändern bald vieles in der Villa Am Großen Wannsee 56–58. Richard von Weizsäcker, der sich in diesem Jahrzehnt noch oft und eindrucksvoll mit der nationalsozialistischen Geschichte der Republik auseinandersetzen wird, ist zum 40. Jahrestag der Wannseekonferenz, am 20. Januar 1982, als erster Regierender Bürgermeister West-Berlins bei einer Gedenkveranstaltung in der Villa zugegen. Weizsäcker weiß um die Widersprüche und Gegensätze im Berliner Süden, er ist ein begeisterter Schwimmer in den Seen hier und er kennt die Geschichten ihrer Ufer gut, auch die dunklen. Nicht zuletzt aus der Biografie seines Vaters, der im Dritten Reich Staatssekretär im Auswärtigen Amt war und später wegen der Mitwirkung bei der Deportation französischer Juden nach Auschwitz als Kriegsverbrecher verurteilt wurde.

Am 1. September 1986, Richard von Weizsäcker ist da schon Bundespräsident, steht wieder ein Regierender Bürgermeister West-Berlins in der Villa am Wannsee. Es ist ein historischer Tag, als Eberhard Diepgen neben Heinz Galinski, dem Vorsitzenden der Jüdischen Gemeinde, eine improvisierte Pressekonferenz gibt. Aber wie so oft bei eher improvisierten Pressekonferenzen in Berlin fällt an diesem Tag ein entscheidender Satz: Das Schullandheim des Bezirks Neukölln wird in eine Gedenkstätte umgewandelt.

Die erste Ausstellung

Mehr als ein Jahrzehnt nachdem Heinz Galinski hier die Gedenktafel eingeweiht hatte, die dann geschändet und gestohlen wurde, ist nun klar: Das Schullandheim ist Geschichte und die Villa wird endlich mit ihrer Geschichte verbunden.

Im Jahr 1988 beginnen die Umbauarbeiten, das Haus steht jetzt unter Denkmalschutz. Und im Januar 1992, zum 50. Jahrestag der Wannseekonferenz, geschieht das, woran Joseph Wulf nicht mehr hatte glauben können: An den Ufern des Wannsees wird endlich eine Gedenkstätte eröffnet. Zur Eröffnung sagt Eberhard Diepgen: „Heute geben wir diesen Ort seiner Geschichte zurück.“[12]

Die erste Ausstellung, die an diesem 20. Januar 1992 in der Villa eröffnet wird, ist eindrucksvoll: Große Schwarz-Weiß-Fotos zeigen die Opfer des Holocausts. Es ist nicht möglich, sich diesen Bildern zu entziehen. Und doch ist die Eröffnung nur halb so eindrucksvoll wie die erste Ausstellung.

Warum? Weil die deutsche Politik ganz offensichtlich noch immer kein besonderes Interesse an der Wannseevilla und ihrer Geschichte zeigt. Michael Kallenbach scheibt dazu am 24. Januar im *Jewish Chronicle*: „German Leaders stay away from Wannsee Villa opening.“[13]

Helmut Kohl, der Kanzler der Bundesrepublik Deutschland, ist nicht zur Eröffnung gekommen, Richard von Weizsäcker, der vergangenheitsbewusste Bundespräsident, seltsamerweise auch nicht, Bundesinnenminister Rudolf Seiters ist zwar da, bleibt aber im Publikum sitzen und sagt nichts. Die einzige Spitzenpolitikerin, die redet, ist Rita Süßmuth, Bundestagspräsidentin und Christdemokratin.

Wahrscheinlich hat sie ein Gespür dafür, dass viele Deutsche jetzt bereit sind, sich ihrer Vergangenheit zu stellen. Am 9. Juli 1992 vermeldet die *Jüdische Wochenzeitung*: „Die Berliner Gedenkstätte Haus der Wannsee-Konferenz erlebt einen Besucheransturm."[14] Das ist eine gute Nachricht.

Und für alle, die mit der Geschichte der Wannseevilla ein wenig vertraut sind und sich an Joseph Wulfs verzweifelten Kampf um eine Gedenkstätte erinnern, für die gibt es zehn Jahre später, im Dezember 2012, eine noch bessere Nachricht. In der Villa wird eine neue Sonderausstellung eröffnet. Sie heißt „Meine eigentliche Universität war Auschwitz" und ist: eine Ausstellung über das Leben und das Werk des Historikers Joseph Wulf anlässlich dessen 100. Geburtstags.

Noch einmal gut vier Jahre später, zum 25-jährigen Jubiläum der Gedenkstätte, wird in der Villa die Sonderausstellung „Ausgeblendet. Der Umgang mit NS-Täterorten in West-Berlin" eröffnet. Ein besserer Ort für dieses Thema, ein besserer Ort als das Haus Am Großen Wannsee 56–58 zum Beleg für die jahrzehntelange Ausblendung der Geschichte ist wohl kaum denkbar.

Wie präsent die Wannseevilla und ihre Geschichte heute im kollektiven Gedächtnis der Deutschen ist, zeigte sich im Januar 2024. Da wurde bekannt, dass im vorangegangenen Herbst Rechtsextremisten in einer Villa an einem See bei Potsdam über Möglichkeiten zur Deportation von Ausländern und Deutschen mit ausländischen Wurzeln beraten hatten. Auf den ersten Blick ist die Ähnlichkeit der nur wenige Kilometer auseinanderliegenden Häuser frappierend, hier wie dort waren Rassisten am Werk, und so wurde in der Öffentlichkeit schnell die Verbindung zur Wannseekonferenz gezogen. Bei den folgenden Massendemonstrationen gegen Rechtsextremismus war diese Assoziation stets gegenwärtig.

Die Affäre um einen jüdischen Besitz am Stölpchensee

Es gibt manche Linien, die aus der dunklen Vergangenheit der Nazidiktatur am Wannsee bis in die Gegenwart reichen. Dazu gehört die Affäre um ein Grundstück am Stölpchensee, das einst der jüdischen Familie Wolffsohn gehörte. Es ist schon anhand der bekannten Fakten eine unglaublich klingende Geschichte, und dabei sind noch gar nicht alle Zusammenhänge enträtselt. Klar ist so viel: Der Berliner Kinounternehmer und Verleger Karl Wolffsohn erwarb in den 1920er Jahren ein großes Gelände am bewaldeten südöstlichen Ufer des Stölpchensees, auf dem die Villa Ring stand. Das Grundstück mit der Adresse Kohlhasenbrücker Straße 40/41 wurde wie Wolffsohns übriger Besitz, darunter große Kinos, nach der Machtübernahme der Nationalsozialisten nach und nach seinem Eigentümer entzogen und „arisiert". 1939 gelang ihm mit seiner Familie die Flucht nach Palästina. Sein Enkel Michael, der spätere prominente deutsche Historiker, wurde 1947 in Tel Aviv geboren.

1949 kehrte die Familie nach Deutschland zurück und erstritt 1954 die Rückgabe zumindest eines Teils ihres von den Nazibehörden geraubten Besitzes, darunter auch das Grundstück am Stölpchensee. Allerdings gab es eine Auflage: Sollten die Stadt oder der Bezirk an dieser Stelle eine öffentliche Grünanlage schaffen wollen, sei das Grundstück an die öffentliche Hand zu verkaufen und zu räumen, hieß es in dem Bescheid. Hintergrund waren offenbar Überlegungen, in dem von der DDR umschlossenen West-Berlin neue Naherholungsflächen zu schaffen.

Erst einmal genoss aber die Großfamilie Wolffsohn die Sommerfrische am Stölpchensee, sogar die Verwandten aus Israel kamen dazu in den Berliner Südwesten, wie Michael Wolffsohn sich in einem Gespräch mit dem Deutschlandfunk

Kultur erinnert.[15] Die Villa war im Krieg zerstört worden, aber es gab einen Bungalow, in dem er viele seiner Sommerferien in den 1950er und 1960er Jahren verlebte. 1965 lautete dann der Bescheid aus dem Zehlendorfer Rathaus: Die Grünanlage soll kommen. Die Wolffsohns mussten verkaufen, konnten das Grundstück aber erst einmal weiter als Mieter nutzen. Sie räumten es Mitte der 1970er Jahre und kümmerten sich nicht weiter darum.

2016 veranstaltete Michael Wolffsohn ein deutsch-israelisches Familientreffen in Berlin aus Anlass des 100. Gründungsjahrs der Gartenstadt Atlantic am Berliner Gesundbrunnen, die einst seinem Großvater gehört hatte und inzwischen von ihm übernommen und saniert worden war. Bei der Gelegenheit organisierte er auch einen Ausflug an den Stölpchensee, um einmal zu schauen, was aus dem einstigen Grundstück geworden sei. Die Familie war schockiert: Sie traf an der Kohlhasenbrücker Straße auf einen Urwald – von einer öffentlichen Grünanlage keine Spur. Michael Wolffsohns Kommentar: „Wie nennt man so etwas? Betrug. Betrug an meiner Familie, deutsch-jüdischen Rückkehrern." Zumal schon der Rückkaufpreis lachhaft gering gewesen sei.

Auf ihre empörte Nachfrage erhielten die Wolffsohns 2017 die Auskunft aus dem Rathaus Zehlendorf, dass man Mitte der 1970er Jahre eine Grünanlage geplant habe. Doch erst 1986 seien die Gebäudereste auf dem Gelände abgerissen worden.[16] Gut informierte Wannseebürger bargen vorher noch wertvolle Einbauten und Flügeltüren aus der einstigen Villa Ring. Nun sollte das Grundstück „park- oder waldartig angelegt werden", teilte die Bezirksbürgermeisterin Cerstin Richter-Kotowski (CDU) mit.

Doch es geschah: nichts. Allerdings ging 2011 das Gelände vom Bezirk auf die Berliner Forstverwaltung über, samt aller Zuständigkeiten, was die Sache noch komplizierter werden ließ. 2019 schließlich beschloss die Bezirksverordnetenversammlung auf Antrag der CDU, auf dem Grundstück solle ein „informativer Naherholungspunkt“ mit einer Aussichtsplattform über den See errichtet werden, dazu eine Bank und eine Informationsstele zur Geschichte des Geländes und seiner Eigentümer.

Mittlerweile hat sich die FDP-Bezirksverordnete Katharina Concu der Sache angenommen und in mehreren Anfragen genaue Aufklärung über die Vorgänge um das Grundstück gefordert, vor allem mit Blick auf den erzwungenen Verkauf 1965. „Die Antworten legen nahe, dass der Bezirk seine Rolle beim Erwerb des großen Ufergrundstücks hinterfragen und historisch vollumfassend aufarbeiten lassen muss“, teilte sie im Juli 2023 mit.[17] Sie hat einen ganz neuen Aspekt in die Geschichte gebracht, nämlich die Rolle des damaligen Bezirksbürgermeisters Willy Stiewe (CDU).

Die Rolle eines ehemaligen Bürgermeisters

„Konkret geht es darum, zu verstehen, warum unter dem Vorwand einer Grünanlagenerrichtung – die nie erfolgte – eine jüdische Familie nach erfolgreicher Restitution zum Verkauf ihres Grundstücks gedrängt wurde und welche Rolle der damalige Bezirksbürgermeister von Zehlendorf Willy Stiewe dabei spielte“, teilte Concu im Juli 2023 mit. Sie mahnte, dass sich das Bezirksamt seiner braunen Vergangenheit in den ersten Jahrzehnten der jungen Bundesrepublik bewusst werden müsse: „Wenn bei der Beantwortung meiner Anfrage (…) Stiewe als einfacher Journalist abgetan wird, zeigt dies entweder, dass man die Augen vor der Wirklichkeit verschließen möchte oder in Sachen Aufarbeitung noch Nachholbedarf besteht.“[18]

Im Nationalsozialismus war Willy Stiewe elf Jahre Chefredakteur der *Neuen Illustrierten Zeitung* gewesen. Studien aus dem Jahr 2008 zeigten, dass er der bedeutendste zeitgenössische Fachautor zum Pressefoto im NS-Staat gewesen sei, schrieb die FDP-Politikerin. Als Bildredakteur sei er unter anderem für die NSDAP-Zeitschrift *Illustrierter Beobachter* tätig gewesen und habe unter anderem 1941 antisemitische Pressebilder aus Kellergewölben im Ghetto Lublin veröffentlicht, die er als vorbildlich charakterisierte. Wikipedia kennzeichnet Stiewe als „wichtigsten Theoretiker der NS-Bildpropaganda".

Nach 1945 wurde er als bloßer Mitläufer entnazifiziert, trat der CDU bei und wurde 1955 Bezirksbürgermeister in Zehlendorf. Das Amt bekleidete er zehn Jahre und erhielt zum Abschied das Große Bundesverdienstkreuz. Auf die Frage nach Stiewes Rolle beim Erwerb des besagten Grundstücks erhielt Concu vom Bezirksamt folgende Antwort: „Zusammenhänge zwischen Willy Stiewe und seinen Arbeiten während der NS-Zeit als Journalist und dem Erwerb des genannten Grundstücks im Jahr 1965 durch das Bezirksamt Zehlendorf sind dem Bezirksamt nicht bekannt." Für die Antwort zeichnete der zuständige Stadtrat Patrick Steinhoff von der CDU. (Er ist uns bereits im Kapitel 2 im Zusammenhang mit dem Konflikt um die Bebauung des Grundstücks Königstraße 3 begegnet.)

Doch Concu war nun erst recht alarmiert und äußerte einen schweren Verdacht: „Als treuer Anhänger des NS-Regimes wird Willy Stiewe nach 1945 seinen Hass auf Juden mit Sicherheit nicht abgelegt haben." Sie habe die Vermutung, „dass die persönliche Einstellung Stiewes dazu führte, dass der Bezirk zwischen 1955 und 1965 mit Nachdruck den Erwerb des Grundstücks der jüdischen Familie Wolffsohn am Stölpchensee verfolgte". Dabei könnte die vermeintlich zu errichtende Grünanlage am Seeufer nur als Vorwand gedient haben.

Wolffsohn ließ ebenfalls nicht locker. „Es geht mir nicht um Rache, Rückgabe, Bauen – nein, ich will, dass der Staat sich zu seiner damaligen Unglaubwürdigkeit bekennt, indem er heute glaubwürdig sagt, tut uns leid, wir erinnern daran“, sagte er dem Deutschlandfunk Kultur. „Das muss kein großes Denkmal werden, aber es ist eine Frage der ethischen Pietät.“

Immerhin erinnert nun eine Stele an Karl Wolffsohn und den Konflikt um das Grundstück am Stölpchensee. An einem regnerischen Dezembernachmittag 2023 enthüllte Michael Wolffsohn bei einer kleinen Zeremonie am Waldesrand das Denkmal. Die Präsidentin des Abgeordnetenhauses und Vertreter des Bezirksamtes betonten dabei, wie wichtig die anhaltende Aufklärung über die Verbrechen des Nationalsozialismus sei. Wolffsohn hielt eine versöhnliche Rede, erinnerte allerdings noch einmal, dass es sich beim Verhalten des Bezirks um einen „doppelten Betrug“ gehandelt habe: an seiner Familie und an den Bürgern Berlins. So setze eine staatliche Institution ihre Glaubwürdigkeit aufs Spiel. „Daher ist die Causa Stölpchensee keine Causa Wolffsohn, sie trifft und betrifft die Ethik der Berliner und bundesdeutschen Staatlichkeit.“ Das sei in Zeiten heftiger Angriffe auf die Demokratie eine ernste Angelegenheit. So hatte es auch schon der Autor des Deutschlandfunk-Beitrags, Wolf-Sören Treusch, kommentiert: Bei dieser Affäre handele es sich nicht um eine Provinzposse. „Sie zeigt, wie schwer sich deutsche Behörden tun glaubwürdig zu agieren, gerade auch, wenn es dabei um jüdischen Besitz geht.“[19]

Und so nehmen auch die Peinlichkeiten kein Ende: Die Stele steht entgegen dem Beschlusses nicht auf dem ehemaligen Grundstück Wolffsohn mit Blick über den See, sondern einige hundert Meter entfernt an der Kohlhasenbrücker Straße. Der Grund: Für das Grundstück ist inzwischen die Forstverwaltung zuständig, für den Straßenrand der Bezirk.

Kapitel 7
Die Inseln

Die Exklusive

So eine richtige Insel ist Schwanenwerder schon lange nicht mehr. Bereits Ende des 19. Jahrhunderts ließ der Inselbesitzer und Investor Friedrich Wilhelm Wessel die erste feste Landverbindung bauen, eine Holzbrücke. Der sehr wohlhabende Petroleumlampenfabrikant hatte das Eiland, das damals noch Cladower Sandwerder hieß, 1882 von einem Rittergutsbesitzer erworben. Er wohnte sozusagen gegenüber, in der heutigen Straße Am Sandwerder in der Villenkolonie Wannsee. Dort konnte er verfolgen, wie lukrativ sich die Entwicklung und Vermarktung landschaftlich attraktiv gelegener Grundstücke am Rande der Großstadt anließ, und beschloss, selbst so ein für die damalige Gründerzeit typisches Investitions-, man könnte auch sagen: Spekulationsprojekt aufzusetzen. Was konnte es Exklusiveres geben als eine Inselkolonie?

Die Mittel dafür hatte er auf jeden Fall. Wessel gehörte mit seinem Compagnon Heinrich Wild zu den wohlhabendsten und einflussreichsten Männern im Berlin jener Jahre. Beide waren Mitglieder im Club von Berlin, genau wie der Gründer der Kolonie Alsen, Wilhelm Conrad, und ebenfalls Nachbarn am Wannsee. 1880 feierten sie das 25-jährige Bestehen ihres Unternehmens mit einem aufsehenerregenden Fest am Wannsee für alle Beschäftigten und deren Partner und Kinder, zusammen rund 1000 Personen.

So wie die Villenkolonien Alsen und Wannsee als großbürgerliche Gegenentwürfe zum Potsdamer Havel-Arkadien der Hohenzollern verstanden werden konnten, so schwebte Wessel

Postkarte von Schwanenwerder, Luftaufnahme von 1926

ein Gegenstück zur zauberhaften Pfaueninsel der kaiserlichen Familie ein paar hundert Meter havelabwärts vor. Allerdings bedurfte es erst einmal erheblicher Anstrengungen, um aus dem sandigen, nur 25 Hektar großen Inselchen mit viel Knüppelholz und einer Kuhweide interessantes Bauland zu machen. Wessel wollte etwas Besonderes schaffen: „Die gesamte Insel sollte dem Zeitgeschmack entsprechend zu einem Ort romantischer Inszenierung in üppiger Natur werden."[1]

Er ließ das Gelände aufschütten und parzellieren, die ein Oval beschreibende Inselstraße sowie einen Gemeinschaftspark anlegen und Skulpturen aufstellen, darunter ein Fragment aus dem beim Aufstand der Commune 1871 zerstörten Pariser Stadtschloss, die „Tuilerien-Säule". Sie ist erhalten, wurde 2003 restauriert und bei der Gelegenheit auch die Blickachse über den Wannsee zum Grunewaldturm wiederhergestellt. Solche Sichtachsen sollten die künstlich geschaffene Szenerie der Insel in die malerische Havellandschaft einbetten. Wessel bot die sehr großzügig bemessenen Grundstücke zum Kauf für den

Bau von Landhäusern an. Schließlich bemühte er sich bei Hofe darum, der Insel den feineren Namen Schwanenwerder zu geben, eine Anspielung auf die Pfauen der Insel nebenan. Doch das erlebte der 1898 gestorbene Unternehmer nicht mehr: Erst 1901 genehmigte Kaiser Wilhelm die Umbenennung. 1933 bekam dann die ehemalige Friedrich-Karl-Straße in der Kolonie Wannsee den Namen Am Sandwerder.

Tuileriensäule Schwanenwerder

Die künftigen Bauherren auf Schwanenwerder durften die Grundstücke nach den von Wessel im Grundbuch vorgegebenen Regeln nur zu privaten Wohnzwecken nutzen, auch der Betrieb von Gaststätten oder Kliniken war untersagt. Das gilt im Grundsatz bis heute. So entstand eines der exklusivsten Wohngebiete im Umfeld der Reichshauptstadt. Der Grundstücksverkauf kam allerdings erst einmal nur schleppend in Gang. Hauptgrund waren die Abgelegenheit und mangelnde Infrastruktur. Um 1900 waren erst vier Grundstücke bebaut, deren Bewohner eine umständliche Kutschfahrt antreten mussten, um nach Berlin oder zumindest zum Bahnhof Wannsee und zurück zu gelangen. Erst 1901 wurde ein Wasserturm mit Dampfmaschinenhaus in Betrieb genommen und damit die Versorgung mit Wasser und Strom gesichert.

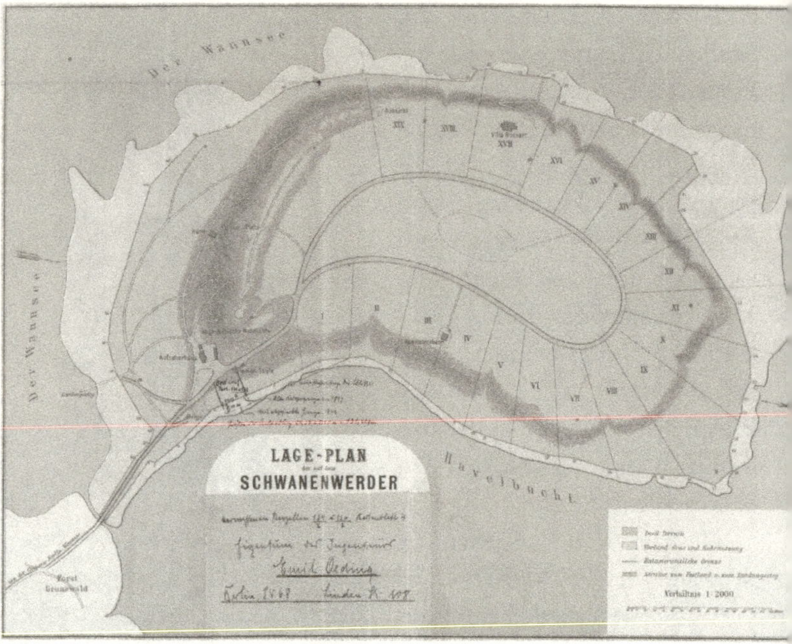

Parzellierungsplan, um 1900

In dem opulenten, wissenschaftlich recherchierten Werk *Schwanenwerder: Ein Inselparadies in Berlin* beschreibt die Landschaftsarchitektin Janin Reif die Leistung des in Schlesien geborenen Koloniegründers so: „Friedrich Wilhelm Wessel schuf etwas Besonderes, etwas Einmaliges vor den Toren Berlins. Die Insel bot einen Rückzugsraum in eine scheinbar heile Welt, wenn auch nur für wenige Auserwählte. Die Gestaltung vielfältiger Naturszenarien angereichert mit historischen Sinnbildern und versammelt auf engstem Raum wurde zu einer Reminiszenz an das Heimatland. Wessel selbst siedelte nicht auf dem Werder. Von den Fenstern seiner Villa in der Kolonie Wannsee konnte er auf die Insel blicken, die nicht weit, doch vermeintlich unerreichbar zu immerwährenden Träumen einlud. Er hatte es verstanden, für sich und seinen Kreis einen ganzen Ausschnitt dieser Landschaft als private Traumlandschaft zu gestalten, gerahmt von den umgebenden Wäldern, Feldern und Siedlungen."[2]

Erst den Söhnen des Inselbesitzers, Franz und Hermann Wessel, beide Architekten und Inhaber eines großen Bauunternehmens, gelang es mit der Zeit, die meisten Grundstücke profitabel an Industrielle und Bankiers zu verkaufen. Bis Mitte der 1930er Jahre errichteten namhafte Architekten ein gutes Dutzend großer Landhäuser und Villen mit weitläufigen Gartenanlagen. Hermann Wessel ließ 1901 auf dem Grundstück Inselstraße 37 sein Anwesen Schwanenhof bauen. Es ist das älteste erhaltene Gebäude auf der Insel und auch deshalb eine Besonderheit, weil es im Unterschied zu den meisten Villen nicht auf einem Wassergrundstück, sondern im Innenkreis der Inselstraße liegt. Dort waren sonst vor allem Unterkünfte für die Bediensteten. Dieses Grundstück aber lag auf der höchsten Erhebung der Insel mit einem großartigen, noch nicht durch hochgewachsene Bäume gestörten Rundumblick auf den See. Außerdem bestand für den Eigentümer des gegenüberliegenden Ufergrundstücks die grundbuchlich eingetragene Pflicht, das Panorama zum Wannsee freizuhalten („Aussichtsparzelle"). Schließlich gehörte zum „Schwanenhof" auch noch ein schmaler Geländestreifen mit Wasserzugang.

Die Käufer der Grundstücke kamen ausschließlich aus der finanzkräftigen, großbürgerlichen Oberschicht Berlins, die hier im Sommer exklusive Erholung vom Großstadtleben suchte. Bis zum Ausbruch des Ersten Weltkrieges im Jahr 1914 verbrachten – neben den Brüdern Wessel – allerdings erst ein knappes Dutzend Eigentümer mit ihren Familien die warme Jahreszeit auf der Insel.[3] Die Gesamteinwohnerzahl Schwanenwerders lag um 1910 aber wohl bei über achtzig Personen, überwiegend Hausangestellte. So beschäftigte der

Chemieindustrielle Lohse mit Ehefrau und vier Kindern allein elf Dienstboten, darunter Haus- und Kindermädchen, Koch, Gärtner, Kutscher und Bootsführer. In den 1920er Jahren gab es sogar eine einklassige Grundschule für die Kinder der Hausangestellten auf der Insel.

Exklusive Gesellschaft und exquisite Architektur

Die Käufer der bis zu 30 000 Quadratmeter großen Parzellen konnten es sich leisten, namhafte Architekten und Landschaftsgestalter zu beauftragen. Es entstanden große Landhäuser mit weitläufigen Gartenanlagen. Ein herausragendes Beispiel dafür ist das Haus Waltrud, das der Brauereibesitzer und Bankier Walter Sobernheim auf dem 1912 erworbenen Grundstück Inselstraße 15–18 bauen ließ. Er beauftragte damit den prominenten Architekten Bruno Paul, der eine weitläufige Villa mit 34 Zimmern für das 17 000 Quadratmeter umfassende Gelände entwarf. Die Bezeichnung Haus Waltrud – zusammengesetzt aus den Vornamen der Eheleute Walter und Gertrud – erwies sich so als freundliche Untertreibung. Paul, der auch Hochschullehrer und Direktor der Vereinigten Staatsschulen für freie und angewandte Kunst, der heutigen Berliner Universität der Künste war, gilt als einer der Wegbereiter der modernen Architektur in Deutschland. So erregte das Anwesen mit seinem von den Gartenarchitekten der renommierten (und bis heute existierenden) Späth'schen Baumschulen angelegten Park Aufmerksamkeit weit über Berlin hinaus. Die Zeitschriften *Die Dame* und *Deutsche Kunst und Dekoration* veröffentlichten reich bebilderte Artikel über Haus und Garten der Familie des Generaldirektors der Schultheiß Brauerei.[4]

So schrieb der Kulturjournalist Franz Servaes über Pauls Werk: „Mit großer Feinfühligkeit verstand er es, der Land-

Haus Waltrud, Villa der Familie Sobernheim, Inselstraße 16, Kupferdruck Felsing

schaft sich einzuschmiegen und alle Vorzüge der Lage in erlesener Weise zur Geltung zu bringen. Eine über dem Wasserspiegel sich erhebende Böschung benutzte er zu schön gegliederten Terrassenanlagen, auf deren Hochfläche zwischen Birken und Kiefern das breit gelagerte Herrschaftshaus, braunrot mit grünen Fensterläden, wie aus dieser Landschaft herausgewachsen, sich erhebt. Der Blick geht (...) auf eine ruhige Bucht, jenseits deren die Hochstämme der Grunewaldkiefern, den malerischen Windungen des Seeufers folgend, die Aussicht ebenso anheimelnd beschränken wie ins Weitere sanft hinausführen."[5]

Neben der architektonischen und landschaftlichen Qualität des Insellebens gewann Schwanenwerder aber zunehmend auch Bedeutung als ein diskretes Machtzentrum am Rande der Hauptstadt. Zur gesellschaftlichen Bedeutung der Insulaner heißt es in der Chronik des Aktiven Museums: „Nicht nur die Anwesenheit von vier Bankiers des später fusionierten Geldinstituts ‚Deutsche Bank und Disconto-Gesellschaft' deutet auf die engen Verflechtungen zwischen den Inselbewohnern hin. Man besuchte sich gegenseitig und empfing hohen Besuch aus Politik und Wirtschaft. Die Abgeschiedenheit der Insel war hierfür bestens geeignet. Nur wer ausdrücklich geladen war, konnte Einblick in das exklusive Leben nehmen."[6]

Nach dem Ersten Weltkrieg entdeckten zunehmend prominente und wohlhabende Mitglieder der Jüdischen Gemeinde Berlins die Vorzüge Schwanenwerders. Zu dieser Gruppe gehörten: der Direktor des Bankhauses Goldschmidt-Rothschild Samuel Goldschmidt, Werner Feilchenfeld, Syndikus der Berliner Industrie- und Handelskammer, der Textilkaufmann Alfred Gugenheim, der Landgerichtsrat Dr. Herbert Gidion und der Verleger Leo Goldstaub. „Insgesamt gehörten von den 15 Anwesen auf Schwanenwerder, die 1930 im Amtlichen Adressbuch Berlins aufgeführt wurden, neun jüdischen Eigentümern. Trotz unterschiedlicher Namen entstammten sie entweder einer Familie (…), trugen Verantwortung im selben Bankhaus (…) oder saßen in der Leitung des gleichen Unternehmens", berichten die Autoren der Inselchronik.[7]

Georg Solmssen gehörte schon zu den frühen diskret-prominenten Bewohnern der Insel. Der 1869 in Berlin geborene Bankierssohn jüdischer Herkunft trat 1900 zum Protestantismus über und legte seinen erkennbar jüdischen Geburtsnamen Salomonsohn ab. Er wolle „ganz deutsch und nicht jüdisch sein", ließ er dazu wissen. Allerdings trat er noch 1929 der Gesellschaft der Freunde, einem der wichtigsten Vereine der jüdischen Gemeinschaft der Hauptstadt, bei. 1912 legte er sich ein 27 000 Quadratmeter großes Wassergrundstück auf Schwanenwerder zu und ließ es mit einem weitläufigen Landhaus bebauen. Die Adresse Inselstraße 23–26 sollte in der weiteren Inselgeschichte noch bedeutsam werden.

Solmssen war nach dem Ersten Weltkrieg maßgeblich an der Rückkehr der deutschen Banken und Unternehmen in die Weltwirtschaft beteiligt, unter anderem als Aufsichtsratsvorsitzender der Deutsch-Amerikanischen Telegraphengesellschaft. Er empfing auf Schwanenwerder prominente Besucher wie den Reichspräsidenten Friedrich Ebert oder den Maler Max Liebermann. Seit 1929 gehörte er dem Vorstand der Deutschen Bank an und wurde 1933 Vorstandssprecher als Nachfolger des aus dem Amt gedrängten jüdischen Bankiers Oscar Wassermann. Schon 1934 erlitt er das gleiche Schicksal. Er emigrierte in die Schweiz und kehrte auch nach dem Ende des Naziregimes nicht nach Deutschland zurück. Er konnte das Haus erst seiner protestantischen Ehefrau übertragen, ehe es sich 1939 Hitlers Leibarzt Theodor Morell aneignete.

Nach 1918 ließen sich auch allerlei schillernde Gestalten auf Schwanenwerder nieder, die sich den Vermögensverfall von Vorbesitzern als Folge der Kriegswirren und der folgenden Inflation zunutze machten. Dazu zählten die Gebrüder Julius und Henry Barmat, landesweit bekannte Spekulanten und Lebemänner. Nun tauchte im beliebten Berliner Volksmund „Barmatwerder“ als Name für die Insel auf, sehr zum Leidwesen der alteingesessenen seriösen Bewohner. Die Gebrüder Barmat wurden ähnlich wie ein weiterer Nachbar auf Schwanenwerder der Bestechung und des Betrugs bei Geschäften mit öffentlichen Aufträgen beschuldigt. Bei einer spektakulären Razzia auf der Insel wurden sie 1925 verhaftet und nach einem langen Prozess zu überschaubaren Haftstrafen verurteilt. Da alle Beteiligten jüdischer Herkunft waren und Kontakte in die Sozialdemokratie pflegten, nutzten rechtsradikale Kreise die Skandale als Beleg für ihre Propaganda gegen die „jüdische Schieberrepublik“.[8]

Von anderer Art war der Fall des russischen Schriftstellers, Finanziers und Verlegers Alexander Helphand, ein zum Millionär gewordener Sozialist, der auch als Autor unter dem Pseudonym Parvus bekannt war. Der Historiker Boris Chavkin hat in einem Porträt die widersprüchlichen Rollen Helphands beschrieben: Er sei „russischer Revolutionär und Verfechter des deutschen Imperialismus, marxistischer Wissenschaftler und Großunternehmer, Kosmopolit und deutscher Patriot, hinter den Kulissen wirkender Politiker und internationaler Financier, sozialdemokratischer Publizist und politischer Abenteurer" gewesen.[9] Der einer jüdischen Handwerkerfamilie aus Berasino in Belarus entstammende Tausendsassa war daran beteiligt, Lenin 1917 in einem verplombten Eisenbahnwagen durch Deutschland nach Russland reisen zu lassen. Anfang der 1920er Jahre war er ein einflussreicher Autor und Herausgeber verschiedener Publikationen der SPD und kam in Kontakt mit dem Besitzer des Hauses Waltrud, Walter Sobernheim. „Beide verkehrten trotz gegensätzlicher Biografien in den einflussreichen Kreisen der Gesellschaft und Politik", schreibt die Historikerin Heike Stange.[10]

Während Helphand im Krieg zu einem vermögenden Mann geworden war, schien Sobernheim in eine finanzielle Klemme geraten zu sein. Er überließ Helphand 1920 das Haus Waltrud als Wohnsitz gegen einen Kredit von 300 000 Mark, rückzahlbar in drei Raten bis zum 1. Januar 1924. In diesem Zeitraum lebte Helphand – oder Parvus, wie er oft genannt wurde – auf Schwanenwerder und führte in Sobernheims Villa ein großes Haus. Zu seinen Gästen zählten einflussreiche, vornehmlich sozialdemokratische Politiker wie Philipp Scheidemann, Otto Wels und wichtige Männer aus Ministerien und Kultureinrichtungen. Auch mit Reichspräsident Friedrich Ebert von der SPD pflegte er eine gute Bekanntschaft.

Der preußische Kulturminister Konrad Haenisch schrieb in einem Nachruf auf den 1924 gestorbenen Helphand: „Er kannte keine größere Freude, als alte Mitkämpfer und Gesinnungsgenossen, wie begabte junge Adepten des Sozialismus in seinem schönen Haus am Wannsee zu sehen, an seinem gastlichen Tische zu bewirten."[11] Zu den von ihm geförderten jungen Sozialdemokraten zählte auch Arno Scholz, der nach dem Krieg die einflussreiche West-Berliner Zeitung *Telegraf* herausgab. So gehört zur bewegten Geschichte Schwanenwerders, dass dieses Refugium des konservativen Großbürgertums eine Weile auch zum Treffpunkt der sozialdemokratischen Elite und Schickeria der Weimarer Republik wurde.

Der sanierte Sobernheim aber übernahm sein Haus 1924 wieder und kaufte das Nachbargrundstück noch dazu. Dort baute dann sein Architekt Bruno Paul 1928 ein Landhaus für die Tochter Lotte und ihren Mann Theodor Simon, die aus England zurückkehrten, sodass die Familie nun ein weitläufiges Areal mit den Hausnummern 15–18 ihr Eigen nannte.

Die Idylle ist vorbei – Hakenkreuzfahnen über der Insel

Doch mit dem von Friedrich Wilhelm Wessel und seinen Söhnen geschaffenen Rückzugsraum in eine heile Welt war es 1933 vorbei. Am 4. März kletterten Mitglieder eines Zehlendorfer SA-Sturms auf den Wasserturm und hissten eine Hakenkreuzfahne. Es war ein erstes Zeichen der neuen Machtverhältnisse, eine gezielte Provokation der bekannten jüdischen Bewohner der Insel. Es war auch ein Vorbote dessen, was in den folgenden Jahren kommen sollte: die Vertreibung der verhassten Elite der Republik und namentlich ihrer jüdischen Mitglieder aus ihren Häusern und von ihrem Land und deren Besitznahme durch führende Männer der Nationalsozialisten. Schwanenwerder ist dafür ein exemplarischer Fall.

Die jüdischen Eigentümer wurden systematisch zur Aufgabe ihrer attraktiven Anwesen gedrängt. Diese Verkäufe waren auch vor dem 3. Dezember 1938, an dem die „Verordnung über den Einsatz jüdischen Vermögens“ in Kraft trat, in den seltensten Fällen freiwillig. Wenn es sich nicht um ausdrückliche Zwangsverkäufe handelte, so waren der Anlass in fast allen Fällen die mit der Emigration zu zahlende „Reichsfluchtsteuer“ und weitere Zwangsabgaben. Nutznießer war die NS-Elite, die 1939 ein Drittel der Grundstücke auf der Insel besaß, unter ihnen der Hitlervertraute und Propagandaminister Joseph Goebbels, der Architekt Albert Speer und Hitlers Leibarzt Theodor Morell.

Aufgrund ihrer Verbindungen und ihres Vermögens gelang es allen auf der Insel ansässigen Juden, Deutschland rechtzeitig vor den Pogromen zu verlassen und ihr Leben zu retten. Das mag auch mit der hellsichtigen Warnung ihres Nachbarn Georg Solmssen zusammengehangen haben, der schon im April 1933 in einem Brief an den Aufsichtsratsvorsitzenden der Deutschen Bank, Franz Urbig, schrieb: „Ich fürchte, wir stehen noch am Anfang einer Entwicklung, welche zielbewusst, nach wohlaufgelegtem Plane auf wirtschaftliche und moralische Vernichtung aller in Deutschland lebenden Angehörigen der jüdischen Rasse, und zwar völlig unterschiedslos, gerichtet ist.“[12] Urbig war dann bald selbst aktiv daran beteiligt, jüdische Kollegen wie Solmssen aus den Führungsetagen der Deutschen Bank zu entfernen.

Der bei weitem prominenteste und mächtigste Inselnazi war Joseph Goebbels, der mit seiner Frau Magda und ihren gemeinsamen Kindern 1936 das Landhaus des Bankiers Oscar Schlitter in der Inselstraße 8–10 bezog. Adolf Hitler war seinem Propagandaminister und engen Vertrauten beim Kauf behilflich gewesen, indem er dessen Gehalt aufbesserte und einen großzügig dotierten Vorabvertrag über die Veröffentlichung seiner Tagebücher 20 Jahre nach dessen Tod vermittelte. „Nun bin ich im eigenen Haus. Am See, und restlos glücklich“, notierte Goebbels im April 1936 in seinem Tagebuch. „Ein Refugium. Hier kann ich ausruhen und Kräfte sammeln.“ Wenige Tage später kam Hitler erstmals zu Besuch: „Er ist restlos begeistert. (…) Alles gefällt ihm. Lage, Einrichtung, vor allem das Gästehaus, das wir eigens für ihn zurecht gemacht haben."[13] Während dieser Hauskauf noch mit rechten Dingen zuging, eignete Goebbels sich drei Jahre später das Nachbargrundstück 12/14 des jüdischen Bankiers Samuel Goldschmidt auf dem Wege des Zwangsverkaufs weit unter Wert an.

Der Propagandaminister war alleiniger Herrscher über die Zensur aller Medien in Deutschland, darunter auch die Filmindustrie. „Goebbels, der seine Macht über die Medien mit der Leidenschaft eines verhinderten Künstlers ausübt, versteht es virtuos, Schauspieler und Regisseure zu ködern. Vorzugsbehandlungen bei Propagandaaufträgen, Traumgagen, Vergabe von Regieposten, Orden oder Empfänge, Freistellung vom Wehrdienst und die Einladungen zu seinen Gesellschaften auf Schwanenwerder waren der Maßstab, an dem der Star seine Gunst beim Zeremonienmeister des Dritten Reichs ermessen konnte", beschreibt Rüdiger Reitmeier das System Goebbels. „Arisierte Villen, Autos, unaufhaltsamer Ruhm ließen die verhätschelten Volkslieblinge vergessen, welche Rolle sie im Unterhaltungskino des faschistischen Regimes spielen sollten."[14] Goebbels führte auf Schwanenwerder ein luxuriöses Leben mit großen Gesellschaften und schnellen Motorbooten und genoss es, sich mit den Größen der deutschen Filmszene zu umgeben.

Gleichzeitig präsentierten Joseph und Magda Goebbels sich und ihre sechs Kinder, ihre Villa und ihren Park in der traumhaften Landschaft von Schwanenwerder in zahllosen Wochenschaubeiträgen als glückliche deutsche Musterfamilie. Dazu gehörte auch ein Film, den der populäre Schauspieler Heinz Rühmann 1940 zum Geburtstag Goebbels' in dessen Garten mit den Kindern des Ministers drehte, „zum Lachen und zum Weinen, so schön", wie Goebbels notierte.[15]

Dieses öffentlich inszenierte Familienleben hinderte ihn allerdings nicht daran, seine Macht für diverse Affären mit

Joseph Goebbels im Gespräch mit
Lída Baarová und Gustav Fröhlich

Schauspielerinnen zu nutzen, von denen die kaum verhüllte Liaison mit der Schauspielerin Lída Baarová zu einem beliebten Klatschthema der Berliner Gesellschaft wurde. Die Tschechin war mit dem Schauspieler Gustav Fröhlich liiert, einem Nachbarn der Goebbels' auf Schwanenwerder – im Landhaus des vertriebenen Walter Sobernheim. Nachdem der Propagandaminister offenbar erwog, sich wegen „der Baarova" scheiden zu lassen, intervenierte der Magda Goebbels sehr gewogene Hitler und sorgte dafür, dass ihr Mann die Beziehung beendete.

Eine ganz andere Seite dieser Familie erlebte Georg Schertz, der spätere Polizeipräsident West-Berlins, der auf Schwanenwerder aufgewachsen und mit dem gleichaltrigen Helmut Goebbels befreundet war, seinem Banknachbarn in der Grundschule. Sie waren beide 1935 geboren und die beiden einzigen Jungen in diesem Alter auf der Insel. So war er bei den Goebbels häufiger zu Besuch und wurde von ihrem Chauffeur mit Helmut zur Schule nach Wannsee gefahren, oft mit einer zweispännigen Kutsche, deren Pferde im tiefen Winter zur Begeisterung der Jungen auch mal vor einen Schlitten gespannt wurden.[16] Er habe den Hausherrn und seine Frau nur selten gesehen, erzählte Schertz vor einigen Jahren dem Berliner *Tagesspiegel*. „Präsent waren tagsüber nur die Kindermädchen und Hausangestellten."[17] Seine Mutter berichtete ihm später von einem Gespräch mit Magda Goebbels. Sie sei besorgt gewesen wegen der Freundschaft der Kinder und habe die Frau des Ministers angesprochen: „Mein Mann wurde von der Regierung Ihres Mannes als Beamter entlassen." Frau Goebbels habe darauf gelächelt: „Ja, glauben Sie, das hätten wir nicht gewusst? Aber damit haben die Kinder doch nichts zu tun."

Die Familie Schertz hat eine besondere Beziehung zu Schwanenwerder. Ihr Haus unmittelbar hinter der Brücke fällt aus dem Rahmen der prächtigen Villenbebauung. Es ist ein kleines, schmales Gebäude dicht an der Straße, allerdings mit einem sensationellen Ausblick in beide Wasserrichtungen, der jeden fasziniert, der den heute fast neunzigjährigen Juristen Georg Schertz in seinem Haus besucht.

Das alles begann mit einem genauen Blick von Schertz' Vater auf das Ufer der Insel. Der preußische Polizeioffizier Erwin Schertz war Mitglied in einem Segelklub, der sein Gelände an der Havel schräg gegenüber von Schwanenwerder hatte. Von hier konnte er beobachten, wie im Sommer regelmäßig ein geschwungener Uferstreifen auf einer Länge von 40 Metern trockenfiel. „Dann war da eine Dreckecke. Mein Vater aber hatte erkannt, dass man in beide Richtungen auf den See blicken könnte, wenn man dort ein Haus hat. Er ist dann zum preußischen Wasser-Fiskus gegangen und hat gesagt, da ist doch diese Dreckecke, ich begradige Ihnen dort die Uferlinie, wenn Sie mir den Wasserstreifen verkaufen und mir erlauben,

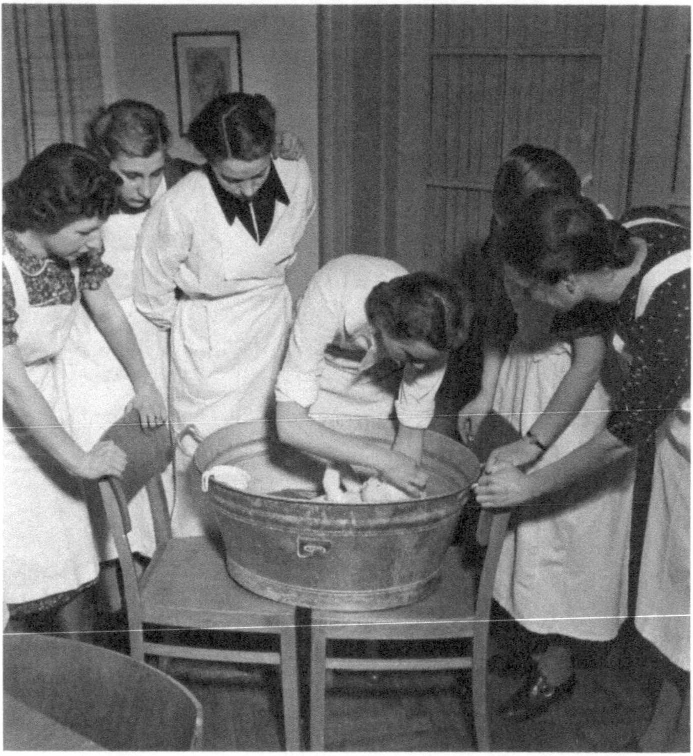

Reichsbräuteschule, 1941

dort ein Haus zu bauen. Und das wurde genehmigt“, erinnert sich Georg Schertz.

So kam die Familie 1934 in den Besitz des Wassergrundstücks am Zugang zur Insel und ließ dort auf einer Gründung aus sechs Stahlbetonpfählen das Haus bauen, in dem Georg Schertz bis heute lebt. Das Untergeschoss des Gebäudes wurde von einer Spezialfirma aus dem Ruhrgebiet in die Havel gebaut. Es ist das einzige Haus auf Schwanenwerder, das seit 90 Jahren durchgängig von der gleichen Familie bewohnt wird. „Mein Grundstück ist übrigens das kleinste hier“, sagt Georg

Schild an der Zufahrt zu Schwanenwerder, um 1940

Schertz. Sein Vater Erwin war 1934 von den Nationalsozialisten aus dem Polizeidienst entlassen worden, weil er führendes Mitglied einer Freimaurerloge war. Die Sorge, dass die Nazis, die zur gleichen Zeit Schwanenwerder in Besitz nahmen, den neuen Mitbewohner drangsalieren würden, erwies sich als unbegründet. Zur Sicherheit ließen die Schertz' das Grundstück aber auf die Ehefrau Flora eintragen.[18]

Die Nationalsozialisten prägten ab Mitte der 1930er Jahre weitgehend das öffentliche Leben auf der kleinen Insel. Dazu trugen Einrichtungen wie die Führerschule des Nationalsozialistischen Kraftfahrkorps und die Reichsbräuteschule der SS mit ihrem Personal, Schülern und Schülerinnen bei. In der Bräuteschule wurden jungen Frauen in mehrwöchigen Lehrgängen die nötigen praktischen und politischen Kenntnisse für ihre künftige Funktion als dienende Ehefrauen von SS-Männern vermittelt. Die „Reichsfrauenführerin" Gertrud Scholz-Link wohnte fortan in der Inselstraße 38. Mit Hitlers Leibarzt Theodor Morell lebte ein weiterer enger Vertrauter des

„Führers“ auf der Insel, auf der sich für eine Weile auch Hitlers Stararchitekt und spätere Rüstungsminister Albert Speer niederließ.

Trotz der vielen Schwanenwerder bevölkernden Nazigrößen gab es an der Zufahrt keine Wachtposten. Lediglich ein Schild sollte Neugierige abschrecken.

Ein demonstrativer Akt: General Eisenhower übernimmt die Insel

Schwanenwerder überstand den Zweiten Weltkrieg relativ unbeschadet. Als Anfang Mai 1945 sowjetische Soldaten die Insel besetzten, hatten die Nationalsozialisten sie lange verlassen. Heinrich und Magda Goebbels hatten sich und ihre sechs Kinder am 1. Mai im Bunker der Reichskanzlei umgebracht. Ihr leerstehendes Haus auf Schwanenwerder war eines der ersten Ziele von plündernden Soldaten der Roten Armee, später suchten auch Berliner in den verlassenen Häusern nach zurückgelassenen Wertgegenständen, Lebensmitteln und Spirituosen. Um Plünderungen und Vandalismus ein Ende zu setzen, ließ der neu eingesetzte Zehlendorfer Bezirksbürgermeister die Zufahrt zur Insel Mitte Juni mit einem zeitweise bewachten Holztor an der Brücke sperren.

Am 4. Juli 1945 ging die Inselverwaltung an die US-Armee über. Die Amerikaner wollten hier nun ein Zeichen setzen. Der US-Oberbefehlshaber Dwight D. Eisenhower richtete auf Schwanenwerder sein Hauptquartier ein. Das mochte nicht unbedingt praktisch sein, doch besaß diese Ortswahl auf der von den besiegten einstigen Nazigrößen so geschätzten Insel eine starke Symbolkraft. So erhielt das einst von Walter Sobernheim gebaute Haus Waltrud, in dem Eisenhower sich niederließ, einen Platz in der Weltgeschichte. Von hier aus bereiteten die Amerikaner die Potsdamer Konferenz vor, auf der die führenden Männer der vier Siegermächte im Sommer 1945 über die Zukunft Deutschlands berieten. Später wohnte hier der erste amerikanische Stadtkommandant und „Vater der Luftbrücke", Lucius D. Clay.

Für diese Luftbrücke, mit der die Alliierten West-Berlin während der sowjetischen Blockade zwischen Juni 1948 und Mai 1949 aus der Luft versorgten, spielte auch der Wannsee eine wichtige Rolle. Er stellte neben den Flughäfen Tempelhof und Gatow eine dritte Landebahn dar, auf der britische Flugboote vom Typ Sunderland wasserten und starteten. Für den 13-jährigen Georg Schertz bot sich nun täglich ein spektakuläres Schauspiel vor der Haustür. „Unser Haus hatte die Lage wie ein Tower, so dass ich alles genauestens beobachten konnte", erinnert er sich. „Es war sehr eindrucksvoll, wenn die viermotorigen Maschinen wasserten und starteten."[19] Die Flugzeuge machten an Bojen zwischen Schwanenwerder und dem Ufer fest und wurden entladen. Schuten transportierten dann Güter wie Lebensmittel, Kohle oder Zement zu ihren Bestimmungsorten in der Stadt.

Ansonsten brach für Schwanenwerder eine schwierige Zeit an. Viele der großen Anwesen standen leer. Die Goebbelsvilla und ihr Grundstück benutzten US-Soldaten als Übungsgelände, das sie verwüstet hinterließen. Das Dach wurde abgedeckt, um die Holzsparren als Laternenmasten für die Straßenbeleuchtung zu nutzen, sodass das Gebäude schnell verfiel. In ein Wirtschaftsgebäude auf dem Grundstück zog 1950 die Wasserschutzpolizei ein, die dort bis 2008 eine Wache betrieb.

Der vom Magistrat gefasste und mit einem großen Schild verkündete Plan, die Villen Opfern des Faschismus als Erholungsheime zur Verfügung zu stellen, scheiterte an finanziellen und politischen Problemen in der Vier-Sektoren-Stadt. Die jüdischen Alteigentümer waren ins Ausland geflohen und mussten umständliche Rückerstattungsverfahren betreiben, um an ihren Besitz zu kommen. Mieter ließen sich für die kostspielig zu unterhaltenden großen Villen kaum finden. Ab 1948 erlaubte die US-Kommandantur dem Land Berlin die Nutzung der Grundstücke ehemaliger NS-Größen und -Institutionen. Viele der jüdischen Eigentümer verkauften die rückerstatteten Grundstücke in den 1950er Jahren an das Land, das sie viele Jahre als Erholungsgebiet für Kinder und Jugendliche aus der kriegszerstörten Stadt nutzte. Im Rahmen des Programms „Kinder an Luft und Sonne" kamen an manchen Tagen hunderte Kinder auf die Insel, bis 1980 verlebten etwa 100 000 Kinder aus Familien, die sich oft keinen Urlaub leisten konnten, unbeschwerte Tage am Wannsee. Dafür stand etwa die Hälfte der Inselfläche zur Verfügung.

Viele der herrschaftlichen Villen verfielen in diesen Jahren und wurden dann später abgerissen. Ein positives Gegenbeispiel ist die Villa Monheim, die am Ende der Inselstraße kurz vor der Brücke liegt. Sie gehört seit 1931 bis heute der Familie des früheren Schokoladenfabrikanten Richard Monheim und ist stets bewohnt und gepflegt worden. 1926 im Stil des expressionistischen Rokoko gebaut, einer zu jener Zeit in Berliner Villengegenden beliebten Richtung, ist es die einzige weitgehend unverändert gebliebene Villenanlage der Insel. Sie steht unter Denkmalschutz. Seine ganze Pracht zeigt das an ein Landschlösschen erinnernde Gebäude erst von der Seeseite aus. Von der Straße aus fällt vor allem seine ungewöhnliche hellrosafarbene Fassade auf. Gut erhalten ist ebenso das Landhaus des Bankiers Eduard Mosler, das 1947 die evangelische Kirche gekauft hat und bis heute als Begegnungsstätte nutzt. Auch für die 34-Zimmer-Villa Waltrud fand sich nach ihrer Nutzung durch die Amerikaner erst einmal eine neue Verwendung. Hier zog ein privates Hospital für 100 Patienten mit einer Ausnahmegenehmigung von den noch immer seit der

Gründerzeit geltenden strengen Nutzungsbeschränkungen ein, die bis 1970 regelmäßig erneuert wurde.

Mit Beginn der 1960er Jahre zogen wieder neue Bewohner auf die Insel. Etwa zehn Grundstücke wechselten in dieser Zeit ihre Besitzer, es wurde auch wieder gebaut.[20] Der prominenteste Neuankömmling war 1961 der Hamburger Zeitungsverleger Axel Springer, der mit *Bild* und *Welt* zwei einflussreiche Tageszeitungen herausbrachte. Er zog als demonstrative Antwort auf den Mauerbau nach Berlin, wo er ein neues Verlagshochhaus in Kreuzberg, direkt an der Mauer zu Ost-Berlin, bauen ließ. Auf Schwanenwerder kaufte er mit seiner Frau Friede ein geschichtsträchtiges Grundstück, Inselstraße 23–26. Zuletzt hatte in der Villa von Georg Solmssen, dem von den Nationalsozialisten vertriebenen Chef der Deutschen Bank, Hitlers Leibarzt Theodor Morell gewohnt. Eine Bestandsaufnahme aus dem Jahr 1953 stellte fest: „Wohnhaus in den ersten Jahren nach Kriegsende ausgeräumt und geplündert. (…) Vom eingeschossigen Wirtschaftsgebäude nur Umfassungswände und Teile der Dachkonstruktion erhalten (…), beide Grundstücke nicht bewohnt und stark verwahrlost."[21] 1956 erreichte die Witwe Giulietta Solmssen die Rückgabe des Grundstücks, das sie später verkaufte.

Axel Springer und sein Glasbungalow am Wannsee

Axel Springer berichtete 1967 in einem Gespräch mit dem Journalisten Ben Witter über sein neues Anwesen: „Den Kasten, der vorher dagestanden hatte, ließ ich wegsprengen; zu viel klotzige Würde, aber teilweise schade um den Stuck."[22] Der Verleger ließ sich ein modernes Haus im Stile Mies van der Rohes bauen: „Ich hab einen Bungalow am Wannsee, er besteht zum größten Teil aus Glas, und ich sitze in meinem riesigen Wohnzimmer wie auf einer Veranda." Allerdings musste er das Haus aus genau diesem Grund auf Anraten der Polizei schon bald wieder abreißen lassen. Angesichts der Studentenproteste gegen den Verleger der *Bild*-Zeitung („Enteignet Springer!"), deren Auslieferungsfahrzeuge von Demonstranten angegriffen wurden, betrachtete sie die sich zum Wasser öffnenden großen Glasflächen als Gefahr für dessen Sicherheit. Er ließ nun ein neues, traditionell gemauertes Haus mit Walmdach etwas weiter vom Ufer entfernt bauen, das bis heute erhalten ist.

Ähnlich wie der Zuzug Springers knüpfte auch die Eröffnung der Berliner Filiale des renommierten amerikanischen Aspen Institutes auf Schwanenwerder 1973 an die großen Zeiten der Insel in den 1920er Jahren als Treffpunkt bedeutender Unternehmer und Intellektueller an. Mit dem Institut zog auch sein Leiter, der weltgewandte amerikanische Publizist Shepard Stone, nach Schwanenwerder. Er führte hier über die Jahre Politiker und Wissenschaftler von Rang zu insgesamt 270 Tagungen zusammen und half, das eingemauerte West-Berlin vor Isolierung und Provinzialität zu bewahren. Dass der moderne Bungalowkomplex der Denkfabrik mit weitem Blick über die Havel und den Grunewald auf dem Grundstück und den Grundmauern der von Goebbels bewohnten Villa stand, ist eine besondere Ironie, die so nur auf Schwanenwerder zu finden ist. Wenn man vom Mythos Wannsee spricht, hier ist eine seiner Quellen.

Darin steckte aber auch eine große Symbolik: Hier, wo die Zensur, die geistige Unterdrückung und die nationalistische Überhöhung des Naziregimes in der Person eines ihrer abgefeimtesten Machthaber zu Hause war, spürte nun eine neue Generation den Freiheiten der liberalen Demokratie nach. Während diese düstere Vergangenheit der Deutschen auch Dank amerikanischer Soldaten überwunden war, führte der

Westen jetzt einen anderen, einen Kalten Krieg gegen die Ideen des Kommunismus. Ein Außenposten dieses Kampfes fand sich hier am Wannsee, fast in Sichtweite der Grenze zwischen beiden Systemen. Es ist kein Zufall, dass der gleiche Shepard Stone 20 Jahre zuvor entscheidend daran mitgewirkt hatte, in West-Berlin die den Ideen der liberalen Demokratie verpflichtete Freie Universität zu gründen. Zu dieser Geschichte passt, dass das Aspen Institute den Außenposten auf der Insel nach dem Mauerfall verlassen hat und an die Friedrichstraße in Berlin-Mitte gezogen ist, näher am Berliner Politikbetrieb.

Provinzialität war gleichwohl auch auf Schwanenwerder zuhause, denn gleichzeitig schwelten bis in die 1980er Jahre hinein zum Teil heftige juristische und publizistische Auseinandersetzungen zwischen neuen Grundstückseigentümern und den Behörden wegen der als Belästigung wahrgenommenen Kinder- und Jugendfreizeiten auf der Insel. Dazu gehörten auch die Busse, mit denen die Gäste über die schmale Inselstraße an- und abreisten. Es ging offiziell um Lärm und Betrieb, man kann diese Auseinandersetzungen aber auch als Kulturkampf um den Charakter der Insel verstehen, der sogar Züge eines Klassenkampfes trug.

Mit der öffentlichen Nutzung der von den Nazis enteigneten Grundstücke bot sich erstmals die Chance, die hermetische Abgeschlossenheit dieser seit Beginn an den Reichen und Mächtigen vorbehaltenen Insel zu durchbrechen. Die sonst stets verschlossenen Tore standen offen, es gab hier erstmals Zugänge zum Wannsee für tausende Kinder und Jugendliche aus unterprivilegierten Familien, die oft noch nie die Freiheit des Tobens im Wasser und Wald ihrer Stadt hatten erleben dürfen. Es war eine Phase, in der die alten Regeln der räumlichen Trennung von „oben“ und „unten“ nicht mehr galten. Die sozialdemokratische Stadtregierung, die Öffentlichkeit und die Medien standen in diesem Kulturkampf mehrheitlich auf der Seite der „kleinen Leute“ und nicht der reichen Inselbewohner.

1982 wurden die Streitigkeiten mit einem Vergleich beigelegt, der eingeschränkte Nutzungszeiten für die Zeltplätze vorsah. Die Freizeiten in großem Stil fanden aber ein jähes Ende, als bei einem plötzlich auftretenden Orkan im Juli 2002 zwei Kinder durch umstürzende Bäume auf einem Inselzeltplatz ums Leben kamen und 13 verletzt wurden. Das große Gelände ist seither verwaist und verwildert, andere landeseigene Grundstücke wurden verkauft. Eine Erinnerung an das Unglück und seine Opfer sucht man auf der Insel vergebens. Heute gibt es nur noch zwei Gästehäuser.

Schwanenwerder ist wieder die exklusivste Wohnlage Berlins

Mit dem Fall der Mauer und Berlins Wiederentwicklung zur Hauptstadt und pulsierenden Metropole hat auch Schwanenwerder zu neuer Exklusivität gefunden. Es gab einen kleinen Bauboom, bei dem vor allem die brach liegenden Grundstücke in der Inselmitte wiederentdeckt wurden. Und es gab immer wieder Berichte und Gerüchte um Spekulanten und Investoren, die die Insel dichter bebauen und zu einer *gated community* nach amerikanischem Vorbild entwickeln wollten, einer abgeschlossenen Siedlung mit Zugangskontrollen. Doch letztlich sind all diese Projekte wie der Bau einer exklusiven Reihenhausanlage oder einer „Seniorenresidenz Palais Schwanenwerder“ gescheitert. Der nach wie vor restriktive Bebauungsplan hatte Bestand.

Umso größere öffentliche Aufmerksamkeit erregten ab 2007 die Aktivitäten auf dem Grundstück Inselstraße 34, dem einstigen Besitz des Kaufhausgründers Berthold Israel, das zuletzt

Moderne Villa auf Schwanenwerder, Inselstraße 34

von einem Sportverein der Deutschen Bahn genutzt und nun verkauft worden war. An wen? Das war die Frage, die zahlreiche Medien in Berlin umtrieb, und wieder tauchte das damalige Traumpaar „Brangelina" als einzig denkbare Lösung auf: Brad Pitt und Angelina Jolie wollten sich endlich eine angemessene Bleibe in Berlin zulegen, davon war die Fachpresse für das Promiwesen überzeugt. Dazu trug die Nachricht bei, dass mit dem Bau das in Berlin ansässige, international renommierte Architekturbüro Graft beauftragt wurde, mit dem Brad Pitt schon länger zusammenarbeitete. Bald wurde bekannt, dass eine vollkommen aus dem Schwanenwerder-Maß ausbrechende „Mega-Villa" entstehen sollte, wie die *Berliner Morgenpost* schrieb. Sie werde „weder landhausig noch wilhelminisch, noch sonstwie historisierend. Sondern futuristisch modern."[23] Die Baustelle wurde von Fotografen belagert, Schaulustige unternahmen Ausflüge auf die Insel, eine Initiative von Inselbewohnern formulierte Protestschreiben – bis Jolie und Pitt schließlich dementierten: Sie hätten mit dem Projekt auf Schwanenwerder nichts zu tun.

So wird bis heute nur vermutet, dass ein höchst diskretes Berliner Unternehmerpaar sich die extravagante Villa mit 1000 Quadratmetern Wohnfläche, Gäste- und Bootshaus, fünf Garagen und Pool geleistet hat. Von der Straße aus ist davon nichts zu sehen, vom Wasser aus hingegen schon. Die Dimensionen und die Diskretion knüpfen also durchaus an Inseltraditionen der Gründergeneration an, nur der Baustil ist ein anderer. Der zuständige Baustadtrat hatte Mühe, seine großzügige Genehmigungspraxis zu begründen. Inzwischen haben sich die Gemüter beruhigt.

Ein anderes architektonisches Großprojekt hatte zuvor viel weniger Aufregung erzeugt. Der Fabrikant Reinhold Würth ließ an der Inselstraße 16 die Berliner Repräsentanz seines Unternehmens bauen. Auf dem ehemaligen Grundstück von Walter Sobernheims Haus Waltrud ist ein elegant gestalteter moderner Komplex für Tagungen und Veranstaltungen, mit großen Terrassen und einem denkmalgerecht gestalteten Park am Wasser entstanden. „Im Austausch mit der Bundesregierung, den Wirtschaftsverbänden, den Gewerkschaften, den ausländischen Gesandtschaften und Kultureinrichtungen pflegt das Würth Haus Berlin den offenen Dialog mit allen verantwortlichen gesellschaftlichen Gruppierungen und Institutionen", heißt es auf der Webseite des Unternehmens. Diesem Anliegen folgend ist das Würth Haus eines der wenigen Anwesen auf der Insel, die zur Straße hin offen sind und Blicke auf das Grundstück erlauben.

Doch das ist eine Ausnahme. Wer die Insel heute besucht, findet wieder eine recht abweisende Topografie vor. Es gibt keinen öffentlichen Zugang zum See. Die meisten Tore und Zäune sind blickdicht verschlossen, wie in vielen Straßen der Villengegenden Wannsees stehen keine Namen, allenfalls Anfangsbuchstaben der Bewohner an den Eingängen. Anonymität ist eine Währung, die auf Schwanenwerder viel gilt.

Einige immer noch verwilderte und verkommene Anwesen vermitteln einen gewissen morbiden Charme.

Auffällig sind die vor einigen Jahren vom Aktiven Museum entwickelten Hinweistafeln auf die Geschichte der Insel, die am Beginn der Schleife der Inselstraße stehen. Aus Gründen der Diskretion und aus Sorge, Kultstätten für Rechtsradikale zu schaffen, finden sich an den Häusern keine Hinweise auf frühere Bewohner. Die Informationstafeln gehen auf eine Initiative des Aktiven Museums sowie der Gedenkstätten Haus der Wannseekonferenz und Topografie des Terrors zurück. „Das Gedächtnis der Stadt ist der Stadtraum – und der Flächennutzungsplan sollte gerade an diesem idyllischen Ort den Missbrauch von Eigentum und Stadtraum durch die NS-Machthaber nicht verdrängen“, hieß es 2009 in einer gemeinsamen Erklärung, als der Senat die Privatisierung weiterer Grundstücke plante.

Es herrscht praktisch kein Verkehr auf der Inselstraße, nur Rennradfahrer nutzen sie und ihre Abfahrt gern als Wende für eine beliebte Tour über die Havelchaussee. Manchmal dreht eine Streife des Ordnungsamtes in einem Kleinwagen eine Runde über die Insel. Ansonsten ist es sehr still und sehr privat auf Schwanenwerder. Ein gelber Briefkasten der Deutschen Post ist die einzige öffentliche Einrichtung auf dieser Wannseeinsel. Leerung einmal am Tag, um neun Uhr.

Die Zauberhafte

Mit einem sanften Knirschen setzt die Fähre an der gepflasterten Inselzufahrt auf. Kaum zwei Minuten hat die Fahrt über den Havelarm zur Pfaueninsel gedauert. 100 Personen und zwei, drei Autos könnte das namenlose Schiff transportieren. An diesem frischen Dezembervormittag sind es nur zwei Be-

Die Pfaueninsel

sucher, die sich auf den Weg machen, die größte und bekannteste Insel im Wannsee zu erkunden. Sie haben das im Sommer von Touristenschwärmen bevölkerte Eiland ganz für sich. Auch das ist noch möglich am Rande der Millionenmetropole, was für ein Erlebnis!

Anders als Schwanenwerder ist dies noch eine richtige Insel, es ist also schwieriger, zu ihr zu gelangen. Doch gleichzeitig bemerken Besucher schon bei den ersten Schritten den anderen großen Unterschied: Obwohl sie über hunderte von Jahren Privatbesitz der Hohenzollern war, eine Spielwiese für die Neigungen der Könige, ist sie seit 200 Jahren eine offene Insel. Sie lädt ein, die Schönheit ihrer Parklandschaft zu bewundern, die Blicke über den See unter dem weiten Berlin-Brandenburgischen Himmel zu genießen, ihre harmonische Einbettung in die Potsdamer Kulturlandschaft zu erkennen. Dieses Vergnügen, das auf Schwanenwerder nur den Villenbesitzern in ihren Parks vorbehalten ist, wird hier zu einem öffentlichen Erlebnis.

Der Wannsee ist vielfach besungen worden – die Pfaueninsel aber ist auch in die Literaturgeschichte eingegangen. Selbstverständlich hat Theodor Fontane die schönste Havelinsel in seinen *Wanderungen durch die Mark Brandenburg* beschrieben. Auch Walter Benjamin erinnerte sich an seine Kindheitserlebnisse am Rande der Stadt – doch mit Wolf Jobst Siedler und Thomas Hettche haben ihr zwei Schriftsteller eigene Bücher gewidmet. Sie zeigen, welch symbolhafter Ort der preußischen Geschichte diese Insel über die Jahrhunderte war, untrennbar mit dem Wannsee verbunden und Teil seines Mythos.

Spuren menschlicher Siedlungen auf der Insel führen bis in die Bronzezeit zurück, doch in der Neuzeit wurde sie erst ab Mitte des 17. Jahrhunderts genutzt. Sie gehörte zum Besitz des brandenburgischen Kurfürsten Friedrich Wilhelm aus dem Hause Hohenzollern, der 1683 eine Kaninchenzucht auf der Insel anlegen und sie Kaninchenwerder nennen ließ. Schon zwei Jahre später aber wurde es spannender: Friedrich Wilhelm schenkte die Insel dem Chemiker und Glasmacher Johann Kunkel, der eine Methode zur Produktion von leuchtend rotem Glas entwickelt hatte. Daraus stellte er rubinrote Trinkgläser und bunte Glaskorallen her, die wie Edelsteine aussahen. In einer streng geheimen Laborwerkstatt auf der Insel sollte er weitere Produkte für den vom Kurfürsten betriebenen Handel mit Westafrika entwickeln – buntes Glas gegen Gold, Elfenbein und Sklaven, so liefen damals die Geschäfte der Europäer mit den Afrikanern.

Um seine Versuche vor möglicher Konkurrenz geheim zu halten, durfte niemand außer dem Fürsten die Insel betreten. Andererseits durften Kunkels Mitarbeiter sie nicht verlassen. Er erhielt deshalb das Privileg, Bier zu brauen, Brot zu backen und Schnaps zu brennen. Kunkel baute sein Labor aus und errichtete eine Glashütte. Die Geheimnistuerei führte allerdings zu mancherlei Gerüchten und Verdächtigungen, die Neider und Konkurrenten am Hof verbreiteten. Als der Kurfürst 1688 starb, verlor Kunkel die Unterstützung des Hofes. Sein Betrieb ging durch Brandstiftung in Flammen auf, er wurde des Betrugs verdächtigt und so setzte er sich bald nach Schweden ab, wo der König ihn als Kunkel von Löwenstern in den Adelsstand erhob.[24]

Das Liebesnest des Prinzen

Nun blieb die Insel hundert Jahre lang wieder sich selbst überlassen. Erst der Neffe und Nachfolger Friedrichs des Großen, Friedrich Wilhelm II., entdeckte sie neu, und zwar zunächst als heimlichen Rückzugsort für Treffen mit seiner Geliebten Wilhelmine Enke, der Tochter eines Hofmusikanten. Der dichte Schilfgürtel war ein perfekter Schutz vor den Spionen des Onkels. Bald nach seiner Krönung 1786 ließ Friedrich Wilhelm II. am Heiligen See in Potsdam ein neues Schloss bauen, das Marmorpalais. Von dort aus konnte er das heimliche Paradies seiner Jugend sehen, Kaninchenwerder, das bald den schöneren Namen Pfaueninsel erhalten sollte.

Er beschloss, die Insel optisch in den auf sein Geheiß angelegten Potsdamer Neuen Garten einzubeziehen. Am Ende einer Sichtachse vom Marmorpalais zur Insel sollte ein Blickfang entstehen – das 1797 fertiggestellte Schlösschen mit zwei Türmen, das auch als Rückzugsort für Treffen mit seiner zur lebenslangen Mätresse und Beraterin gewordenen Wilhelmine gedacht war. Entsprechend kostbar wurde das Innere des im damals angesagten Stil einer Ruine gebauten Schlosses ausgestattet, darunter das „Otaheitische Kabinett“, ein rundes Zimmer, das wie eine Bambushütte auf Tahiti ausgemalt ist. Die Einrichtung ist weitgehend erhalten. Dazu entstanden auf

Das Schloss Pfaueninsel

der Insel weitere Gebäude: eine Meierei, ein Jagdhaus, ein Kastellanhaus für die Verwalter. 1797 wurden die ersten Pfauen auf die Insel gebracht, die nun endlich ihren Namen auch verdiente.

Im neuen Jahrhundert übernahmen unter Friedrich Wilhelm III. neue Männer die Regie auf der Insel und gestalteten sie so um, wie sie im Großen und Ganzen bis heute erhalten ist. Es waren der Hofgärtner Ferdinand Fintelmann, der Gartenbaumeister Peter Joseph Lenné und der Architekt Karl Friedrich Schinkel. Lenné entwarf einen betont naturnahen Landschaftspark, indem er vor allem auf den Erhalt des alten Baumbestandes achtete. Dafür entwickelte er ein durchdachtes Wegesystem und bis heute erhaltene Sichtachsen, die die Pfaueninsel mit der Potsdamer Park- und Seenlandschaft verbinden, deren östliche Grenze sie markiert. Die Pfaueninsel gehört zum UNESCO-Welterbe Schlösser und Parks von Potsdam und Berlin. Gemeinsam mit Fintelmann legte Lenné den ersten Rosengarten in Preußen an, der auf 2000 Stöcke und 140 Arten anwuchs. Die über die Kriegs- und Nachkriegswirren weitgehend verlorengegangene Anlage ist Ende der 1980er Jahre wiederhergestellt worden.

Doch Wilhelm III. interessierte sich nicht nur für die Landschaft. Angeregt von einem Besuch im Pariser Jardin des Plantes, der auch zahlreiche Tiergehege beherbergt, wünschte er sich eine Menagerie. Über die Jahre kamen so Lamas, Affen, Löwen, Büffel, Hirsche, Rentiere und sogar Bären auf die Insel, und in einer Fasanerie waren die verschiedensten tropischen Vögel zu beobachten. In der 1853 erschienenen Bestandsaufnahme der *Königlichen Schlösser und Gärten zu Potsdam* schilderte August Kopisch die Szenerie: „So verschönert und belebt war das Eiland nicht nur eine Freude des Königs, sondern die Lust des ganzen Landes geworden. Zwei Tage in der Woche, Dienstag und Donnerstag, ward der Besuch allen Einheimischen gestattet, den Fremden mit größter Bereitwilligkeit auch an anderen Tagen (…). Eine Fahrt nach der Pfaueninsel wurde als schönstes Familienfest des Jahres betrachtet, die Jugend fühlte sich überaus glücklich, so vielerlei interessante Geschöpfe dort zu sehen, die munteren Sprünge der Affen, die drollige Plumpheit der Bären, das seltsame Hüpfen der Kängurus, die Riesen und Zwerge, alles erfüllte das jugendliche Gemüt mit staunender Lust.“[25]

Die seltsamen Menschen

Neben exotischen Pflanzen und Tieren beherbergte die Pfaueninsel nun auch „seltsame Menschen“, wie zwei kleinwüchsige Geschwister, einen besonders groß gewachsenen „Riesen“ sowie den „Sandwich-Insulaner“ Heinrich Wilhelm Maitey. Er war als Jugendlicher an Bord der königlichen Handelsfregatte

Mentor 1824 von Hawaii nach Deutschland gekommen. Nach einer christlichen Erziehung unter der Obhut des Hofes wurde er ab 1830 als Assistent des Maschinenmeisters auf der Pfaueninsel eingesetzt. Die „seltsamen Menschen" wurden dort nicht ausgestellt, sondern gingen geregelten Beschäftigungen nach. Wilhelm von Humboldt führte mit Maitey Gespräche über die hawaiische Sprache, die Grundlage seines Wörterverzeichnisses der malayo-polynesischen Sprachen.

Es waren die besten Jahre der Insel, denen sich auch Thomas Hettche in seinem 2014 erschienenen Roman *Pfaueninsel* widmet. Im Mittelpunkt steht das fiktive Leben der kleinwüchsigen „Schlossjungfer" Marie, die dem realen Schlossfräulein Marie Strakow nachempfunden ist. Auch andere Bewohner der Insel jener Jahre, nicht zuletzt der König, kommen in dem Roman vor, „der den kulturgeschichtlichen Essay nahtlos mit dem historischen Roman und einer leidenschaftlichen Liebesgeschichte zu verbinden weiß", wie es in einer Rezension der *Zeit* hieß.[26]

Des Königs Nachfolger Friedrich Wilhelm IV. interessierte sich weniger für die Pfaueninsel und ihre Natur, er widmete sich lieber der architektonischen Verschönerung seines Landes. So entstand unter anderem die Heilandskirche in Sacrow, immerhin in Sichtweite der Pfaueninsel und mit ihr gemeinsam Teil des Gesamtkunstwerks der Potsdamer Kulturlandschaft. Wegen der hohen Kosten trennte der König sich derweil von den exotischen Tieren auf der Insel und schenkte sie dem gerade entstehenden Berliner Zoo. Die Pfauen aber blieben.

Während es auf der Insel ab 1840 also stiller wurde, nahm die Unruhe im Land zu. Im Laufe der 1848er Revolution hatte die Insel eine kleine Rolle als nächtlicher Unterschlupf für den vor den Berliner Aufständischen fliehenden Prinz Wilhelm. Der in Zivil gekleidete General des Gardecorps, Bruder des Königs und spätere Kaiser Wilhelm I., ließ sich mit seiner

Frau von Soldaten, getarnt als Fischerknechte, aus Kladow herüberrudern. Sie kamen für zwei Tage beim Hofgärtner Finkelmann unter, bis sie unter bürgerlicher Tarnung nach England fliehen konnten.

Doch vier Jahre später wurde die Pfaueninsel noch einmal zum Schauplatz eines großen Hohenzollernfests. Der König hatte im Juli 1852 seine Schwester Charlotte und ihren Mann, den russischen Zaren Nikolaus I., in Potsdam zu Gast. Zur Feier des 54. Geburtstages der deutschen Zarin zogen beide Paare und ihr Gefolge sowie Gäste aus dem deutschen Hochadel auf die Insel. Höhepunkt des Abends war der umjubelte Auftritt der europaweit berühmten französischen Schauspielerin Elisa Rachel, die hinter dem Schloss im Fackelschein Passagen aus Jean Racines *Phèdre*, einer griechischen Tragödie, deklamierte. Es war dies ein besonderer Moment deutsch-russisch-französischer, man könnte auch sagen: europäischer Nähe. Fontane widmet ihm in seinen *Wanderungen* ein eigenes Kapitel. Bis heute erinnert am Ort des Auftritts eine weiße Marmorstatue Rachels, die der König in Auftrag gab, an den festlichen Abend.[27]

In der direkten Nachbarschaft der Pfaueninsel gibt es weitere Zeugen der damals von beiden Herrscherhäusern gepflegten familiären deutsch-russischen Freundschaft. Schon 1820 ließ Friedrich Wilhelm III. anlässlich eines ersten Besuchs seiner Tochter Charlotte und ihres Manns Nikolaus in Berlin und Potsdam ein Haus im russischen Stil auf einer Anhöhe im Berliner Forst gegenüber der Pfaueninsel errichten, das bis heute erhaltene Blockhaus Nikolskoe. 1837 folgte in der Nähe der Bau der evangelischen Kirche Peter und Paul, die als Reverenz an das russische Zarenhaus einen Zwiebelturm trägt. So, wie das eine politische Geste war, war dies fast 120 Jahre später auch das 1985 eingeweihte Glockenspiel. Es erinnert an jenes der zerstörten Potsdamer Garnisonkirche. Es sollte während

Ansicht der Kirche in Nikolskoe,
Maximilian Roch, um 1850

der deutschen Teilung ein Zeichen der Zusammengehörigkeit setzen und ist auch auf der Pfaueninsel zu vernehmen. Hier zeigt sich ein weiteres Mal, dass der Wannsee im weiteren Sinne über die Jahrhunderte immer wieder symbolhafte Bedeutung für Stationen der deutschen Geschichte erlangt hat.

Weniger bekannt als die Insel ist ihr Friedhof, der jenseits des Havelarms in der Nähe der Kirche recht verwunschen im Wald liegt. Hier darf bis heute nur bestattet werden, wer mindestens 25 Jahre auf der Pfaueninsel gelebt hat. So finden sich hier vor allem die Gräber jener, die im 19. Jahrhundert die Geschichte der Pfaueninsel als Bedienstete des Königs gestaltet haben – die Schlossjungfer Marie Strakow, der königliche Hofgärtner Fintelmann, der Sandwich-Insulaner Maitey, der Maschinenmeister Friedrich und seine Frau, die aus dem Maschinenhaus ein diskretes Kaffeehaus gemacht hatte. Sie umging so die Bestimmung, dass es auf der Insel keine Gastwirtschaft geben sollte. Diesen und anderen Inselbewohnern kann man höchst lebendig in den Erzählungen Theodor Fontanes und in Thomas Hettches Roman begegnen.

Der Philosoph und Publizist Walter Benjamin beschreibt in seinen Erinnerungen *Berliner Kindheit um neunzehnhundert* einen für ihn nicht so glücklich verlaufenen Besuch auf der Pfaueninsel: „Man hatte mir gesagt, ich möchte dort im Grase mich nach Pfauenfedern umsehen. Wie viel verlockender erschien mir nun die Insel als Fundort so bezaubernder Trophäen. Doch als ich dann die Rasenplätze kreuz und quer vergeblich nach dem Versprochenen durchstöbert hatte, beschlich mich, mehr als Groll gegen die Tiere, die mit ihrem unversehrten Federschmuck vor den Volieren hin und her spazierten, Trauer. Funde sind Kindern, was Erwachsenen Siege. Ich hatte etwas gesucht was mir die Insel ganz zu eigen gegeben, sie ausschließlich mir eröffnet hätte." Nun gab Benjamin die Insel für sich verloren – doch der Weltliteratur ist immerhin diese Reminiszenz erhalten geblieben.[28]

Nach dem Sturz der Hohenzollern 1918 kam die Pfaueninsel in den Besitz der Stadt Berlin. Nun fielen die begehrlichen Blicke von Spekulanten und Investoren auf die Insel. Warum sollte hier nicht eine weitere Villenkolonie am Wannsee entstehen? Ein elitäres Internat oder eine luxuriöses Sanatorium? Die linke Mehrheit der Stadtverordnetenversammlung und Naturschützer verhinderten solche Pläne. Auf der Grundlage einer Studie über die schützenswerte Fauna und Flora der Insel erhielt sie am 28. Februar 1924 den Status eines Naturschutzgebiets, das zweite in Berlin.

Ein Menetekel: Goebbels größtes Feuerwerk der Welt

Damit war die Insel auch weitgehend dem Zugriff der Nationalsozialisten entzogen, die sich nach 1933 die schönsten Plätze am Wannsee aneigneten. Mit einer Ausnahme: Zum Abschluss der Olympischen Spiele lud Propagandaminister Joseph Goebbels am 15. Juli 1936 zum großen Sommerfest auf die Pfaueninsel, allen Naturschutzregeln zum Trotz. Über 2500 Gäste strömten auf die Insel, darunter 600 Wettkampfteilnehmer, das Olympische Komitee, Sportfunktionäre, Diplomaten aus aller Welt, die gesamte Reichsregierung sowie Spitzen der Wehrmacht und der NSDAP. Pioniere hatten eine Pontonbrücke gebaut, über die die Besucher von Zubringerbussen am Ufer auf die Insel gelangten. Weißgekleidete Fackelträgerinnen säumten die Wege, tausende Glühlampen illuminierten die Bäume. Ein großes Spektakel begann, mit Marschmusik, Operngala und Ballett und wohl auch manchen Ausschweifungen.

Der Höhepunkt aber war das Feuerwerk um Mitternacht, das größte der Welt hatte Goebbels bestellt. Mächtige Donnerschläge erschütterten die Insel und der Schein der feurigen Figuren und Kaskaden am Himmel war kilometerweit über Berlin und Potsdam zu sehen. Während Goebbels in seinem Tagebuch begeistert von einem wirklichen Freudenfest berichtete, hatten andere Beobachter unheilvolle Assoziationen: „Die prasselnden Raketen machten den Eindruck eines gewaltigen Artilleriefeuers“, notierte der französische Botschafter. Die große pyrotechnische Sensation erschien „als Menetekel eines ungleich größeren Feuers, das die Nationalsozialisten in Europa entfachen sollten“.[29]

Am Ende dieses Krieges erlebte die Insel noch einmal eine Rolle in einem letzten, bizarren Stück des Naziregimes.[30] Am 29. April 1945 erhielten zwei Gruppen von Wehrmachtsoffizieren im Führerbunker den Befehl, sich nachts auf getrennten Wegen durch den Belagerungsring der Roten Armee Richtung Pfaueninsel durchzuschlagen. Sie sollten dort Abschriften des Testaments von Adolf Hitler, der sich am folgenden Tag das Leben nahm, an zwei Kurierflugzeuge übergeben. Deren Auftrag war, die Dokumente in das Hauptquartier des Hitlernachfolgers Karl Dönitz in Schleswig-Holstein zu bringen. Den beiden Gruppen gelang es, mit Booten von Kladow aus über die Havel zur Insel zu rudern. Doch die Übergabe an ein JU-52-Wasserflugzeug scheiterte, weil das Flugboot unter sowjetischen Beschuss geriet und wieder starten musste. Das andere Flugzeug kreiste eine Weile im Tiefflug über der Insel, konnte aber das vereinbarte Lichtzeichen auf der Inselwiese nicht ausmachen und drehte schließlich ab.

Während die Pfaueninsel von Kriegsschäden weitgehend verschont blieb, verwilderte sie in den ersten Nachkriegsjahren zusehends und diente vor allem dem Gemüseanbau. „Wegerich und Zichorie überwuchern die Wege, Rankenwerk überzieht Schuttberge, Birken säen sich aus, Distelgestrüpp und Robiniengebüsch machen den Platz unkenntlich, der eben noch mitten in der Geschichte war", notierte der Publizist Wolf Jobst Siedler. „Auch auf der Pfaueninsel sind die königlichen Wesen längst zu Dickicht geworden."[31]

Ab den 1960er Jahren ging die damalige Verwaltung der Staatlichen Schlösser und Gärten Berlin daran, die von Lenné geschaffenen Strukturen auf der Insel langsam wieder herzustellen. In dieser Zeit diente sie auch als Kulisse für sechs Kriminalfilme der erfolgreichen Edgar-Wallace-Serie, die häufig in englischen Parklandschaften spielten. Die Insel lag mit ihrer Westseite in unmittelbarer Nähe der DDR-Grenze, die hier in der Havel verlief und mit Bojen sowie Sperren unterhalb der Wasserlinie gesichert war. Am gegenüberliegenden Ufer stand die Mauer. Sie versperrte auch den Blick vom Neuen Garten zum Schloss auf der Pfaueninsel, der entscheidenden Sichtachse dieser Landschaft.

Mit dem Fall der Mauer und der Schaffung der Stiftung Preußische Schlösser und Gärten Berlin-Brandenburg liegt das von den Hohenzollern geschaffene Gesamtkunstwerk zwischen Berlin und Potsdam wieder in einer Hand. Es wird als Teil des UNESCO-Weltkulturerbes gepflegt, wobei das „Paradiesische Eiland", wie die Stiftung die Pfaueninsel nennt, außerdem als Flora-Fauna-Habitat-Gebiet unter besonderem Naturschutz steht.

Dem ist angesichts von 120 000 Besuchern im Jahr nicht so einfach gerecht zu werden. Die Gartenmeisterin der Insel, Daniela Kuhnert, genießt daher die Wintermonate, wenn nicht so viel los ist. Sie ist die Chefin von 20 Gärtnerinnen und Gärtnern, die den Landschaftspark der Pfaueninsel pflegen, wozu auch die Voliere mit verschiedenen Hühner- und Fasanenvögeln gehört. Hier werden die seltenen weißen Pfauen gezüchtet, die sich zu den etwa 40 blauen gesellen, die das ganze Jahr über frei auf der Insel leben. „Wo die Königinnen und Könige umhergewandelt sind, dürfen wir sein und es so erhalten, wie es war und bleiben soll. Das ist schon toll!", sagt Kuhnert und schaut zufrieden über die Insel mit ihren bis zu 400 Jahre alten Eichen, dem Rosengarten und den Wiesen, auf denen Schafe und Wasserbüffel weiden.[32]

Auf der Insel gelten wegen des Naturschutzes strengere Regeln als in anderen Parks. Fahrräder und Hunde sind nicht zugelassen, das Rauchen ist verboten. Mit Autos dürfen nur einige der etwa 40 ständigen Einwohner, meistens Mitarbeiter der Stiftung, auf die Insel fahren. Da man sie nur mit der Fähre erreichen kann, ist der Zugang kontrollierter und kostet eine Eintrittsgebühr. Das schützt auch vor Vandalismus, der in anderen Parks der Stiftung ein wachsendes Problem ist.

So aber ist die Insel ein bevorzugtes Brutgebiet für anderswo selten gewordene Vögel, darunter viele Spechte, Nachtigallen und einmal sogar ein Seeadler. Auch bedrohte Pflanzen und Gräser gedeihen in dem seit 100 Jahren geschützten Landschaftspark noch, dazu wurden im Herbst 2023 etwa 150 neue, vom Aussterben bedrohte Wildpflanzen ausgepflanzt.

„Kein tragischer Ort, die Insel zu den Pfauen, das alte Pauwerder, nur ein Stück Land, in die Geschichte gefallen", resümiert Wolf Jobst Siedler am Ende seiner *Spaziergänge in Preußens Arkadien*. „Erinnerung zu bewahren macht das Glück aus, bei Fiesole oder bei Kaninchenwerder. Das Gewußte steigert das Gesehene. Natur, wo sich nichts begeben hat, ‚is nur Jejend'. Sagte das Schadow, oder sagte das Liebermann? Es sagt der Geist Berlins, das sich in Sand und Wasser seine Feenwelt gestellt hat."[33]

Kapitel 8
Die Musik

Der Sound des Kalten Krieges

Marlene Dietrich, Hildegard Knef, Cornelia Froboess, Harald Juhnke, Reinhard Mey, Die Ärzte und Die Toten Hosen. Sie alle besingen den Wannsee. Und sie alle besingen eine Sehnsucht. Sie beschwören einen Ort, der für die Geschichte und Geschichten steht, der eine flirrende Chiffre für Berlin ist, für den Umbruch der Zeiten und den Wunsch nach Leben, Freiheit und natürlich den Sommer. Und selbst im leichtesten Song von Cornelia Froboess, die damals noch „Die kleine Conny" hieß, in dem Schlager, eigentlich dem Kinderlied *Pack die Badehose ein*, kommt alles zusammen: „Pack die Badehose ein, nimm dein kleines Schwesterlein // Und dann nischt wie raus nach Wannsee. // Ja, wir radeln wie der Wind durch den Grunewald geschwind // Und dann sind wir bald am Wannsee [...]. // Pack die Badehose ein, nimm dein kleines Schwesterlein // Denn um Acht müssen wir zuhause sein."

1951, als sie das Lied das erste Mal auf der Bühne sang, war Cornelia Froboess gerade sieben Jahre alt, der Zweite Weltkrieg war noch nah, Berlin eine Stadt in Trümmern, Deutschland war geteilt in zwei Staaten, und auch am Wannsee verlief die Frontlinie. In dem Lied entfliehen die Kinder nach Schulschluss der Stadt, der heißen Stadt im Sommer. Und man kann wohl sagen, dass die Deutschen, zumindest die Westdeutschen, mit dem ungemein populären Schlager in der unmittelbaren Nachkriegszeit auch ihrer jüngsten Geschichte entflohen. So einfach konnte das sein mit der richtigen Melodie.

Cornelia „Conny" Froboess

Das Stück, das Gerhard Froboess, Cornelias Vater, ursprünglich für die Schöneberger Sängerknaben geschrieben hatte, war in jener Zeit purer Eskapismus. Und genau deshalb war der Song wohl so erfolgreich, kurz nach dem Krieg, mitten in der Schuld und deren Verdrängung. Die Schöneberger Sängerknaben wollten das Lied des Komponisten Froboess nicht, warum, das ist nicht bekannt, aber sie verpassten eine große Chance, so viel ist sicher. Cornelia Froboess wurde weltberühmt mit *Pack die Badehose ein* – und schon bald wurden die Zeilen, die so unpolitisch sein wollten, doch noch politisch. Warum? Weil der Wannsee eben immer mehr als ein See war, er war ein See im Epizentrum des Kalten Krieges, und dieser Krieg erwischte auch das harmlose Lied der Familie Froboess.

Der Autor Matthias Oloew hat 2008 im Berliner *Tagesspiegel* eindrücklich beschrieben, was dazu führte, dass schon ein Jahr nach dem Erscheinen des Originals von Cornelia Froboess eine bittere, satirische Fassung des Lieds in der DDR aufgenommen wurde. In einer Zeit, in der in Berlin zwar noch keine Mauer stand, aber der Osten russisch besetzt war und im Südwesten der Stadt, auch am Wannsee, die US-Armee stationiert war. Und deshalb geht der Song aus der DDR so: „Schließ die Badehose ein // Lass das Baden lieber sein // Denn der Ami schießt am Wannsee!“

Was war geschehen? Matthias Oloew beschreibt es im *Tagesspiegel* so: Am 5. August 1952, einem sehr heißen Tag, wird die sieben Jahre alte Karla Jäger zu einer Figur des Kalten Krieges. Das Strandbad ist voll, gut 17000 Besucher sind gekommen und Karla Jäger planscht mit anderen Kindern im Wasser nahe des Ufers. „Sie hört nicht, was kommt. Niemand hört es. Sie spürt aber plötzlich einen stechenden Schmerz, hinten am Hals. Es tut sehr weh. Sie fasst hin und hat Blut an ihren Fingern. Weinend läuft sie zu ihrer Mutter, die sie in den Arm nimmt und tröstet. Ein Wespenstich vielleicht, denkt die Mutter, oder eine kleine Schnittwunde. An der Hand ihrer Mutter geht Karla zum diensthabenden Sanitäter. Der reagiert ungewöhnlich nervös. In Karlas Hals steckt eine Kugel, ein Infanteriegeschoss der US-Armee. Das weiß da noch niemand, aber die Schwimmmeister ahnen es. Sie setzen das Kind und seine Mutter in ein Motorboot und fahren auf die andere Seeseite ins Krankenhaus Wannsee.“[1]

Das Mädchen überlebt nach langen Wochen im Krankenhaus. Aber der Fall wird zu einem Politikum im Kalten Krieg. Denn schnell wird in der Stadt bekannt, dass die Kugel ein Querschläger ist, den amerikanische Besatzungssoldaten bei einer ihrer Schießübungen im Grunewald abgefeuert hatten. Es war auch nicht der erste Unfall dieser Art, die anderen waren nur nie an die Öffentlichkeit gedrungen. Jetzt ist das anders, und die DDR reagiert prompt, denn eine bessere Propagandageschichte als die von amerikanischen Soldaten, die auf ein Berliner Mädchen schießen, kann es aus Sicht der ostdeutschen Regierung kaum geben.

Der *Tagesspiegel* berichtet weiter: „Das Neue Deutschland macht aus dem verhängnisvollen Querschläger einen ‚Mordanschlag der US-Okkupanten', die B.Z. am Abend (nicht zu verwechseln mit der B.Z. aus dem Hause Axel Springer) will gar erfahren haben, daß der US-Geheimdienst das kleine Mädchen Karla abschirme und daß es keine Besuche empfangen dürfe."[2]

Und deshalb wurde das Lied von Conny Froboess umgedichtet und mit guten Ratschlägen an die West-Berliner neu besungen von der Schauspielerin und Kabarettistin Gina Presgott: „Packt die Panzerwagen ein // Legt paar Steine noch mit rein // Und dann rin damit in'n Wannsee!"

Doch Politik und Propaganda sind häufig kurzlebig, schöne Erinnerungen und ein oft gehörtes Lied bleiben eher: Cornelia Froboess und *Pack die Badehose ein* sind legendär geworden, Gina Presgotts zornige Version aus Ost-Berlin ist längst vergessen.

„Das Private ist politisch." So lautet einer der bekanntesten Rufe der 68er-Generation, nicht nur in West-Berlin. Wenn man hört, wie oft der Wannsee politisch besungen und beschrieben wurde, könnte man auch sagen: „Der See ist politisch". Selbst Harald Juhnke, der tragisch gute Entertainer der West-Berliner, der Politik nie ernst nehmen wollte, hatte das verstanden. In Juhnkes Hymne auf Berlin nach dem Mauerfall – *Mensch Berlin (Was bist du groß geworden)* – von 1999 übt er nicht nur handfeste Kapitalismuskritik und singt über moderne Raubritter und Wendehälse in der einst geteilten Stadt: „Mancher will sich die ganze Welt jetzt kaufen // und so mancher geht dabei K.O."

Harald Juhnke beschreibt auch das neue Gefühl einer grenzenlosen Stadt am Wannsee: „Aus der Insel wurde wieder'n festes Land // Plötzlich gibt's die Ostsee da im Norden // Und der Wannsee hat von beiden Seiten Strand." Von beiden Seiten Strand. Da wird die Berliner Lage nach dem Mauerfall zwar etwas überinterpretiert, denn ein größerer Teil der Wannseestrände lag auch im Kalten Krieg immer im politischen Westen. Aber Harald Juhnke, der in Berlin geboren wurde und den das Berliner Leben letztlich umbrachte, hat erstens natürlich immer recht, wenn es um seine Stadt Berlin geht. Und zweitens ist ein ganzer See in Freiheit etwas anderes als die kleine West-Berliner Freiheit, für die die meisten Ufer des Wannsees immer standen.

Die Welt war tatsächlich über Nacht eine andere geworden. Berlin und Brandenburg kamen am südlichen Ende des Wannsees wieder zusammen, Brücken wurden wieder Brücken und aus Sackgassen wurden neue Wege. Sagen wir es mit Harald Juhnke einfach so: „Jetzt muss ich neue Straßennamen lernen // Und kann auf alten Straßen wieder gehen. // Mensch Berlin, was bist du groß geworden // und nun sollst du wieder Hauptstadt sein."

Bei aller Überraschung und der Überwältigung durch das Neue ist Harald Juhnkes Hymne auf Berlin jedoch immer ein Lied vom Glück des Mauerfalls und dem Ende eines langen Kalten Kriegs, der Berlin und auch den Wannsee so oft in schwarz-weiße Farben getaucht hatte. Das war vorbei und die Zukunft der Stadt lag vielversprechend da, für jedermann. Diese Neuerfindung einer offenen Stadt für alle trug einen optimistischen Ton, Aufbruch war der Grundton.

Ein Koffer in Berlin

Das war so ganz anders in einem noch viel berühmteren Lied über Berlin, das selbstverständlich auch den Wannsee besingt: *Ich hab' noch einen Koffer in Berlin.* Wir kennen die Versionen von Marlene Dietrich (1954) und Hildegard Knef (1963), den beiden Berlinerinnen, und sie haben eines gemeinsam. Sie sind getragen von Melancholie. Von schweren Gedanken über eine im Krieg untergegangene Welt, eine im Krieg untergegangene Stadt. Das Berlin der 1920er, der 1930er Jahre des vorigen Jahrhunderts: „Ich hab' noch einen Koffer in Berlin // Deswegen muss ich nächstens wieder hin. // Die Seligkeiten vergangener Zeiten // Sind alle noch in meinem kleinen Koffer drin."

Die Seligkeiten vergangener Zeiten. Sie lagen bei Marlene Dietrich Anfang der 1950er Jahre schon lange zurück, zumindest, was Berlin betraf. Sie war in Hollywood geblieben, da sie mit den Nationalsozialisten nicht künstlerisch paktieren wollte. Sie hatte ihre Geburtsstadt einst verlassen, um in den USA Karriere im Film zu machen, als sie aber 1939 ihre deutsche Staatsbürgerschaft zurückgab und dafür die amerikanische annahm, da tat sie das längst aus politischer Überzeugung. Sie war zu einer Exilantin geworden, die mehr als noch einen Koffer in Berlin hatte, die aber von vielen Deutschen in der Nachkriegszeit als „Vaterlandsverräterin" beschimpft wurde, weil sie mit ihrer Kunst auf Seiten der Amerikaner in den Krieg gegen den Nationalsozialismus gezogen war. Wie muss es für die Dietrich gewesen sein, in jenen Jahren zu singen: „Ich hab' noch einen Koffer in Berlin"? Mit diesen Zeilen: „Luna Park und Wellenbad, kleiner Bär im Zoo // Wannseebad mit Wasserrad, Tage hell und froh. // Werder, wenn die Bäume blüh'n, Park von Sanssouci // Kinder, schön war doch Berlin, ich vergess' es nie."

„Tage hell und froh". So erinnerten viele, die aus Berlin vertrieben worden waren, den Wannsee. Auch wenn man damals längst wusste, was im Krieg in einer Villa am Wannsee beschlossen worden war. Der Wannsee war ja in der Musik und in den Liedern nie Wirklichkeit und geschriebene Geschichte, sondern oft Erinnerung und Traum. Und ein Gefühl, in dem man sich verlieren konnte, wenn Marlene Dietrich und Hildegard Knef die Sehnsucht nach einer Zeit artikulierten, die eine kurze war, die Zeit zwischen den beiden großen Kriegen in Berlin. Eine untergegangene Zeit.

„Doch ich häng, wenn ihr auch lacht, heut' noch an Berlin."

Neue Deutsche Welle am Wannsee

Interessant ist, dass auch später die Wannseesongs so schön aus der Zeit fallen konnten und harmlose Bilder in gar nicht harmlosen Zeiten heraufbeschworen. Besonders in der geteilten Stadt Berlin. 1981 war eines jener Jahre, die den Auftakt boten zum Höhepunkt des Kalten Krieges, zum nuklearen Wettrüsten zwischen Ost und West. Der Atomkrieg war eine reale Bedrohung, zumindest war die Furcht vor ihm durchaus berechtigt. Hinzu kamen Waldsterben, Smog und der Terror der RAF. Schwierige Zeiten.

Aber man musste das nicht so empfinden, Anfang der 1980er in der Mauerstadt. Berlin bot damals eben auch ein ganz anderes Lebensgefühl, eine besondere Freiheit, die Bands wie Ideal, Sängerinnen wie Nina Hagen und Sänger wie Rio Reiser in ihren Songs aufscheinen ließen. Und es gab auch die Arglosigkeit vieler Bands der Neuen Deutschen Welle, die mitten in weltpolitisch harten Zeiten völlig unpolitisch waren. So wie die Berliner Gruppe UKW, die mit einem ihrer kleinen Songs, *Sommersprossen* (1982), dem Wannsee ein Denkmal der Leichtigkeit setzt: „Durch den Grunewald zum Badestrande // Wir beide radeln Hand in Hand // die Havelberge auf und ab // Sommerzeit bringt uns auf Trab. // Im Strandkorb dann am Wannseestrande // vermeidet Creme den Sonnenbrand // Schau, Tina, deine zarte Haut, voll Sommersprossen, wo man nur schaut."

Auf diese Reime muss man erst einmal kommen. Aber selbst bei der leichtesten aller Wannseehymnen von UKW schwingt noch etwas Zeitgeist mit an den Ufern Berlins: „Komm lass uns jetzt ins Wasser gehen // Sport hält uns alle fit uns schön." Das war wichtig in der Bundesrepublik, und im Strandbad Wannsee konnte sogar jeder längst so sein, wie er wollte. Das war das Versprechen Berlins. Innere Freiheit in einer von außen gefangenen Stadt.

Weiter geht es so: „Nach hübschen Mädchen Ausschau halten // Beim Sonnenbad am Radio schalten. // Auf den Terrassen obendrauf // trifft Helmut seinen schönen Klaus." Ganz so seicht lief die Neue Deutsche Welle am Wannsee dann doch nicht aus, wie sollte sie auch an diesen Ufern?

Auch nicht bei den Ärzten und den Toten Hosen, den beiden Bands, die seit Jahrzehnten Standards setzen, die einen aus Berlin, die anderen aus Düsseldorf. Und die sich beide des Wannsees angenommen haben. Interessanterweise geschieht das bei den Berliner Ärzten beiläufiger als bei den Toten Hosen aus dem Rheinland.

Bei den Ärzten ist der Wannsee versteckt, sehr gut versteckt im Song *Westerland*, der im Jahr 1988 herauskam, also auch noch zu Mauerzeiten, als zwischen Sylt und Berlin noch die DDR lag. Und der Wannsee ein Ort war, an dem man sich heraustäumte aus Berlin: „Jeden Tag sitz ich am Wannsee und ich hör den Wellen zu. // Ich lieg hier auf meinem Handtuch, doch ich finde keine Ruh. // Diese eine Liebe wird nie zu Ende geh'n // Wann werd' ich sie wiedersehen?"

Der Wannsee als der Traum vom Meer in der eingemauerten Stadt. Als Nordseeersatz für die West-Berliner. Die an der Havel und der Spree nicht glücklich wurden: „Wie oft stand ich schon am Ufer // Wie oft sprang ich in die Spree // Wie oft mussten sie mich retten // Damit ich nicht untergeh'?“ Und wieder dieser Traum vom Meer: „Manchmal schließe ich die Augen // Stell mir vor ich sitz' am Meer // Wann denk' ich an diese Insel // Und mein Herz, das wird so schwer. [...] // Oh ich hab solche Sehnsucht // Ich verliere den Verstand // Ich will wieder an die Nordsee // Ich will zurück nach Westerland.“

Ein Jahr später wollten dann alle nach Berlin, wo schließlich und endlich die Mauer gefallen war, auch in der Nähe des Wannsees. Und wo Harald Juhnke die neue Zeitrechnung von der großen, wiedervereinigten Stadt besang.

Wannsee ich dich endlich wieder?

Als Berliner hatten Die Ärzte natürlich eine engere Bindung zum Wannsee, aber die Toten Hosen – Campino und seine Düsseldorfer Band – setzten dem Wannsee das größte musikalische Denkmal. Zwar spät, im Jahr 2007, aber wirklich gut. Der Refrain ist ein ziemlich albernes Wortspiel, aber einmal gehört, bleibt er immer im Ohr und im Kopf: „Wannsee, Wannsee // Wann seh' ich dich endlich wieder // Wannsee, Wannsee // Ich komm' zurück zu dir.“

Die Geschichte des Songs ist eigentlich schnell erzählt. Ein Junge aus Düsseldorf verliebt sich in ein Mädchen aus Berlin. Das Mädchen campt mit ihren Eltern in einem Wohnmobil am Wannsee. Die Eltern wollen ihre Tochter nicht hergeben, der Junge entführt das Mädchen, sie werden entdeckt, schlimme Szenen, Gewalt und Schäferhunde mit großen Zähnen, aber am Ende ein Happy End.

Klingt alles banal, ist es aber nicht. Denn die Toten Hosen verpackten in dem Song eine ganz eigene Liebeserklärung an das neue Berlin und zeigten auch auf die nervigen Hipster in der Stadt. Und natürlich hätten sie ohne dieses Mädchen am Wannsee nie erkannt, wie schön Berlin auch sein kann. Im Sommer, jenseits vom Prenzlauer Berg und von Mitte: „Ich will nicht mehr in den Lärm, in die Hipsterviertel und verdreckten Straßen // Fahr' direkt von Tegel in die frische Luft, dein Duft hat dich verraten // Ohne dich wär's hier nur halb so schön // Lass uns abfeiern und tanzen gehen."

Das Schönste an der Wannseehymne der Toten Hosen ist aber gar nicht der Song selbst, sondern das Video, das sie zum Song gedreht haben. Denn dieses kleine Video zeigt, dass Die Ärzte vom Rhein eigentlich die ganze Geschichte des Wannsees verstanden haben. Sie sitzen am Anfang wie Pfadfinder auf dem Zeltplatz am Wannsee, sie singen und schrammeln mit den Instrumenten wie auf einem kleinen Kirchentag. Und es gibt zunächst eine wunderbare Szene, als ein auch schon älterer Berliner mit sehr schwarz gefärbten Haaren aus der Tiefe des Campingplatzes auftaucht. Er schreit die Toten Hosen an: „Ruhe hier". Und dann geht er mit einem „Scheiß Mucke"-Spruch auf den Lippen meckernd weg. Der Mann hat alles Recht dazu, die Toten Hosen am Wannsee zu stellen, denn es ist Rod, der Gitarrist der Ärzte aus Berlin. Ein schöner kleiner Regieeinfall für das *Wannsee*-Video.

Die Toten Hosen aber spielen einfach weiter. Und gleich neben ihnen sitzt das Mädchen auf dem Zeltplatz, das angebetete Mädchen aus der Hauptstadt neben dem riesigen, schimmernden Wohnmobil ihrer Eltern, die wie eine Parodie auf das West-Berliner Bürgertum aus Mauerzeiten wirken. Der Vater in weißer Golfkleidung, in kurzer Hose mit dem Schläger in der Hand, die Mutter ganz Charlottenburger Diva im späten

Marlene-Dietrich-Look. Sie haben sogar einen Butler dabei, der die Drinks in Glaskelchen vor dem Wohnwagen serviert.

Als der Junge schließlich das Mädchen entführt, um seine Liebe endlich bei sich zu haben, da reicht der Butler dem Vater ein schweres, altes Mobiltelefon mit Chromantenne. Der Vater funkt zwei Männer am Wannseeufer an, die wie eine Mischung aus Bademeistern, Eisverkäufern und DDR-Grenzern wirken. Bald schon wird die Verfolgung der Flüchtigen aufgenommen. Mit einem schnellen Boot auf dem See. Als sie den Jungen und das Mädchen stellen, wird das flüchtige Paar am Ufer mit zwei Schäferhunden in Schach gehalten, während der Butler mit einer Pistole auf sie zielt. Wer hier nicht an die DDR-Grenze denkt, wer diese Assoziation bei dem Videoclip nicht mitdenkt, der hat wahrscheinlich zu lange in Düsseldorf gelebt.

In den wenigen Minuten, in denen sich die Toten Hosen durch die Berliner Geschichten streamen, haben sie das glückliche Ende der Geschichte am Wannsee auch noch mitbedacht. Denn irgendwann ist die Welt dann doch von Grenzposten, Schäferhunden, Pistolen und West-Berliner Eltern befreit. Der Junge und das Mädchen stehen frei am Ufer, hinter ihnen brennt das Lagerfeuer auf dem Strand. Die Welt steht ihnen offen.

Wer hätte das ein paar Jahrzehnte zuvor gedacht? Ende der 1960er Jahre sang der West-Berliner Reinhard Mey in seinem wunderbaren Stück *Hauptbahnhof Hamm* noch ganz melancholisch vom Wannsee, so wie die Berlinerinnen Marlene Dietrich und Hildegard Knef es einst auch getan hatten. Weil das alte Berlin zerbombt und Geschichte war und das neue, ungeteilte Berlin in jenen Jahren unvorstellbar erschien. Das alles ist längst vorbei, der Wannsee lässt sich wieder über die Avus und die Glienicker Brücke erreichen, von Westen und Osten, von Norden und Süden. Und wer am Wannsee von Westerland träumt, kann noch am selben Tag einfach hinfahren. Alles ist anders, alles ist einfacher geworden als in der Zeit, als nur ein Koffer in Berlin übriggeblieben war.

Und doch bleibt der See auch in der Musik noch heute ein Symbol für die zähe Berliner Geschichte, für die wilde Weimarer Republik, die in einem mörderischen Regime endete, für die Kämpfe des vergangenen Jahrhunderts, den Aufstieg und den Fall Berlins. Wenn in der berühmten Fernsehserie *Babylon Berlin* das Orchester des Clubs Moka Efty die Zeit zwischen den Kriegen mit seinem Soundtrack hinterlegt, dann macht das ein Stück ganz ohne Worte, ohne Text besonders gut. Das Lied heißt einfach: *Wannsee Weise.* Und es ist die Melodie, in der mehr als ein ganzes Jahrhundert mitschwingt.

Kapitel 9
Die Grenze

An einem kalten Novemberabend 2014 steht Angela Merkel lächelnd auf der Glienicker Brücke, die Wannsee mit Potsdam verbindet. Über ihr strahlt das an einem Brückenbogen befestigte Staatswappen der DDR im Scheinwerferlicht, links weht die Fahne der DDR an einem Mast, rechts die der Sowjetunion. Eine vollkommen unwirkliche Szenerie, aber so ähnlich sah das 25 Jahre zuvor noch aus, als hier die fast unüberwindbare Grenze zwischen West und Ost verlief, zwischen Berlin und Potsdam, aber auch die zwischen zwei verfeindeten Weltsystemen.

Hier war die Welt erst einmal zu Ende, jedenfalls für normale Bürger, gleich, ob sie aus Richtung Westen an die Brücke kamen oder aus Richtung Osten. Auf der Potsdamer Seite war nicht mal das möglich, dem Havel-Übergang war noch ein weitläufiges Sperrgebiet vorgelagert. Nur ab und an geriet die Brücke in den Fokus der Weltöffentlichkeit, wenn sie genutzt wurde, um amerikanische und sowjetische Agenten auszutauschen. Das war zum ersten Mal am 10. Februar 1962 so, als der in der Sowjetunion als Spion inhaftierte amerikanische Pilot Francis Gary Powers und der in den USA wegen Spionage für die Sowjetunion verurteilte Kunstmaler Rudolf Abel hier die Seiten wechselten. Auf dem Weg zur Glienicker Brücke war Wannsee für Abel der letzte Ort im Westen, den er sah, während Powers hier nach 17 Monaten sowjetischer Haft erstmals wieder westlichen Boden betrat.

Was einst höchst verschwiegen unter dem Ausschluss der Öffentlichkeit stattfand, wird hier nun noch einmal groß inszeniert. Der amerikanische Starregisseur Steven Spielberg

Angela Merkel auf dem Filmset von *Bridge of Spies* mit Regisseur Steven Spielberg (links) und Hauptdarsteller Tom Hanks

dreht einen Film über die Aktion, mit der damals eine gefährlich zugespitzte Situation zwischen den beiden Atommächten entspannt wurde. *Bridge of Spies – Der Unterhändler* heißt das Werk, und der Hollywoodstar Tom Hanks spielt diesen Unterhändler, den Rechtsanwalt Abels, der eine zentrale Rolle bei der Aushandlung des Deals hatte. Es ist eine aufwändige deutsch-amerikanische Produktion. 400 Mitarbeiter der Babelsberger Filmstudios sind beteiligt, 800 Komparsen beleben die Szenen an verschiedenen Drehorten und für fünf Tage wird die Brücke noch einmal gesperrt.

Spielberg hat die Kanzlerin und ehemalige DDR-Bürgerin Angela Merkel zu den Dreharbeiten an diesem historischen Ort eingeladen. Sie steht vergnügt zwischen ihm und Tom Hanks auf der Brücke über die Havel und scheint den Moment zu genießen, in dem Weltgeschichte und Weltstars hier mit ihr zu einem Stelldichein zusammentreffen.

So rückt die Brücke, die schon längst wieder nichts anderes ist als eben eine vielbefahrene Verbindung zwischen der deutschen Bundes- und der brandenburgischen Landeshauptstadt, noch einmal aus der Normalität des Alltags heraus und erinnert an die bitteren 40 Jahre, in der sie auf Beschluss der DDR zwar Brücke der Einheit hieß, aber das genaue Gegenteil repräsentierte.

Seit 1680 gab es an dieser Stelle eine feste Querung der Havel, zunächst war es eine hölzerne, auf Pfählen ruhende Konstruktion, die mehrfach erneuert wurde. Ab 1831 entstand eine elegante, von Karl Friedrich Schinkel entworfene Backsteinbrücke, Teil einer der wichtigsten Hauptstraßen des Deutschen Reiches. Sie wurde 1907 unter Protesten der Öffentlichkeit von der Preußischen Wasserbauverwaltung durch die bis heute erhaltene Eisenkonstruktion ersetzt, die höheren und breiteren Schiffen als bisher die Durchfahrt erlaubte.

Die Brücke überstand den Zweiten Weltkrieg bis Ende April 1945, als die Wehrmacht in Wannsee noch einmal versprengte Einheiten zusammenzog, um der aus Osten vorrückenden Roten Armee in einem aussichtslosen, sinnlos gewordenen letzten Gefecht Einhalt zu gebieten. Bis heute gibt es sich widersprechende Darstellungen, was die Zerstörung der Brücke in den letzten Kriegstagen verursachte: eine von den Deutschen angebrachte Sprengladung oder der Beschuss durch sowjetische Panzer. Sowjetische Pioniere errichteten unmittelbar nach Ende der Kampfhandlungen nebenan eine hölzerne Pontonbrücke, um die Straßenverbindung provisorisch wieder herzustellen.

Ob sie dann auch von den Teilnehmern der Potsdamer Konferenz der Siegermächte im Juli und August 1945 für ihren Weg von den für sie geräumten Villen am Griebnitzsee zum Konferenzort Schloss Cecilienhof genutzt wurde, ist fraglich. Diese von Historikern lange als Fakt behandelte Annahme ist in jüngerer Zeit in Zweifel gezogen worden. Danach könnten die Konferenzteilnehmer eher eine von russischen Pionieren gebaute Brücke zwischen dem Babelsberger Park und der Berliner Vorstadt in Potsdam benutzt haben. Das wäre eine deutlich kürzere Strecke gewesen.[1]

An der Bedeutung der Konferenz ändert das natürlich nichts. Hier wurde beschlossen, was wenig später auch an der Glienicker Brücke Realität wurde: die Teilung Deutschlands in vier Besatzungszonen, aus denen dann zwei Staaten wurden. Die ostdeutschen Behörden ließen indessen die zerstörte Brücke reparieren und im Dezember 1949, kurz nach Gründung der BRD und der DDR, wieder eröffnen, nun mit dem euphemistischen Namen „Brücke der Einheit" versehen. Doch schon 1952 sperrte die DDR den Übergang für den allgemeinen Verkehr, der nun nur noch den Alliierten für Fahrten zu ihren Verbindungsmissionen in Potsdam zur Verfügung stand. Später galt dies auch für in der DDR akkreditierte westliche Diplomaten.

Wannsee wird zur entlegenen Sackgasse West-Berlins

Für den Ort Wannsee und seine Einwohner hatte die Schließung der Brücke sowohl praktische als auch mentale Folgen. Mit einem Mal war ihre Hauptdurchgangsstraße nach Potsdam, die historische Reichsstraße 1, eine Sackgasse geworden. Und damit wurde der ganze einstige Sehnsuchtsort der Metropole Berlin zu einer Art entlegener Sackgasse West-Berlins. Aus der begehrten topografischen Randlage war nun eine politische Randlage geworden. Mit dem Mauerbau 1961 verschärfte sich die Situation noch. Die nun mit allerlei Schikanen bewehrte deutsch-deutsche Grenze verlief von Wannsee aus gesehen westlich in der Mitte der Havel, südlich durch den Griebnitzkanal und den Düppeler Forst. Die DDR ließ in den Grenzgewässern Unterwassersperren anlegen und sicherte ihre Ufer mit Mauern, Zäunen und Wachtürmen, mit rund um die Uhr patrouillierenden Grenzsoldaten, ausgestattet mit Schießbefehl und scharfen Hunden, gegen Fluchtversuche ab. Mindestens fünf Menschen wurden bei dem Versuch getötet, hier die Havel zu durchschwimmen oder die Sperren zu überwinden, manche schafften es aber auch. Dokumentiert ist zum Beispiel der Fall eines 29-Jährigen, der am 8. Oktober 1986 nachts über zwei Kilometer durch den Jungfernsee von Potsdam nach Wannsee schwamm und dabei durch ein Loch in der Unterwassersperranlage an der Schiffkontrollstelle Nedlitz tauchte.[2]

Wannsee war auch politisch zu einer Insel geworden. Die Alltagssituation jener Jahre auf der West-Berliner Seite der Grenze in Wannsee beschreibt der Historiker Heinrich Kaak so: „Im Schatten der Grenze erhielt sich hier ein abgelegenes Revier für Spaziergänger, Wanderer und Langläufer. (…) Die Glienicker Parkanlagen verwilderten, die Zeit schien angehalten worden zu sein. Melancholie beherrschte diesen Ort der Paradoxien. Wo die ehemals größte Ausfallstraße Berlins und Reichsstraße 1 an einem Schild ‚You are leaving the American Sector' endete, man Berlin aber gar nicht verlassen konnte, und wo ein Schild ‚Brücke der Einheit' auf eine unerbittliche Teilung hinwies. Man konnte zwar noch nach Potsdam hinüberschauen, die Grenze blieb jedoch an dieser Stelle unüberbrückbar. Man sah die Grenzanlagen am gegenüberliegenden Havelufer. Mauer und Todesstreifen bewirkten, dass sich dort kaum etwas rührte. Im Wasser zeigten Bojen den Grenzverlauf. Boote der Grenztruppen der DDR patrouillierten in der Fahrrinne, um Fluchtversuche zu verhindern; Wasservögel hatten das Revier erobert."[3] An den Wochenenden entwickelte sich eine Art Grenztourismus zur Havelgrenze. Dann schauten West-Berliner und Touristen mit Ferngläsern „nach drüben".

Honeckers Brückenshow

Einmal noch wurde die Glienicker Brücke aus diesem Dornröschenschlaf während der deutschen Teilung geweckt – am 11. Februar 1986, fast auf den Tag genau 24 Jahre nach dem Austausch von Abel und Powers, diente die Brücke noch einmal als Bühne der Weltpolitik. Nun wurde hier der prominente russische Dissident Anatoli Schtscharanski im Zuge des Austauschs von vier westlichen und fünf östlichen Agenten in den Westen entlassen. Es war wieder ein Deal zwischen Moskau und Washington unter Einbezug der DDR, wesentlich vermittelt vom Ost-Berliner Anwalt Wolfgang Vogel. Während aber 1962 die Öffentlichkeit erst nach Vollzug der geheimen Aktion auf der Glienicker Brücke informiert wurde, bezogen nun schon Tage vor dem Ereignis hunderte Journalisten, Fotografen und Kameraleute aus aller Welt Position an der westlichen Seite der Brücke. Sie drängelten um die besten Beobachtungsplätze. Die Nachrichtenagentur *dpa* sicherte sich das einzige in West-Berlin zugelassene Privatauto mit Funktelefon, ein Mercedes Cabrio aus Zuhälterkreisen. Egal, mit Hilfe dieses Telefons würde die Nachricht über die Freilassung Schtscharanskis so schnell wie damals nur möglich zu den deutschen Medien gelangen.

Die Amerikaner hätten den Rummel gern vermieden und einen unauffälligen Grenzübergang im Süden Berlins gewählt, doch der DDR-Staats- und Parteichef Erich Honecker widersprach. Er habe die „Brückenshow" gewünscht, um die kleine DDR weltweit als Mittlerin zwischen den Supermächten präsentieren zu können, vermutete Vogel nach Darstellung seines Biografen Norbert F. Pötzl später.[4] Er schildert minutiös, wie die Aktion dann ablief: Um 10:42 Uhr traf die kleine Kolonne mit den fünf Häftlingen aus dem Westen an der Glienicker Brücke ein. Dazu gehörten die Wagen des US-Botschafters in

Nach einem Agentenaustausch zwischen Ost und West am 1. Februar 1986 steigen Spione und Gefangene aus dem Westen an der Glienicker Brücke in einen Bus.

Bonn, Richard Burt, und seines Kollegen in Ost-Berlin, Francis Meehan, sowie der von seiner Frau gelenkte goldfarbene Mercedes Vogels, voran fuhr ein Polizeiauto mit Blaulicht.

Burts Wagen wurde auf der westlichen Seite der Brücke in Fahrtrichtung Wannsee geparkt, damit er nach Schtscharanskis Eintreffen ohne Verzögerung den Ort des Geschehens verlassen konnte, bevor der eigentliche Gefangenenaustausch stattfand. Vogel und Meehan fuhren durch den geöffneten Grenzübergang auf die Potsdamer Seite, holten den Russen mit Meehans Wagen ab und kehrten zum Übergang zurück. Dort erwarteten sie, jenseits des weißen Grenzstrichs, Botschafter Burt und der westdeutsche Staatssekretär Ludwig Rehlinger. Schtscharanski stieg aus und fragte: „Wo ist die Grenze?" Burt antwortete: „Genau hier, dieser dicke weiße Strich." Mit einem Hüpfer sprang der befreite Dissident über die Linie. Burt und Rehlinger nahmen ihn in die Mitte und gingen flotten Schritts zum Auto des Botschafters, das sofort in Richtung Flughafen Tempelhof abfuhr.[5] Nun wickelten Vogel und die beteiligten Diplomaten beider Seiten den eigentlichen Agentenaustausch ab.

Um 11:31 Uhr wurden die Schlagbäume auf der Glienicker Brücke wieder geschlossen. Die Medienleute bauten ihre Kameras und Antennen der Übertragungswagen ab, und wenig später herrschte an der Glienicker Brücke wieder die Ruhe und Einsamkeit eines Ortes am Ende der Welt.

Doch nun kannte die Welt die Brücke und ihre Grenze. Die Medien in Europa und den USA hatten sensationsheischend über die spektakuläre Aktion im Südwesten der geteilten Stadt berichtet und als Zeichen der Entspannung zwischen den Großmächten gewertet. Der Mythos Wannsee war um eine Geschichte reicher. 28 Jahre später aber erzählte der Regisseur Stephen Spielberg die Geschichte vom ersten Austausch noch einmal neu und hollywoodtauglich. *Bridge of Spies* wurde ein großer Erfolg und 2016 in mehreren Kategorien für den Oscar nominiert, der Schauspieler Mark Rylance erhielt als bester Nebendarsteller für seine Rolle als sowjetischer Spion Rudolf Abel eine der Auszeichnungen. Es zeigte sich: Der Mythos lebt.

Feuerwerk und Wunderkerzen zum Mauerfall

Keine vier Jahre nach der Aktion nahmen dann die Bürger von diesseits und jenseits der Havel ihre Brücke wieder in Besitz. Schon am Abend des 10. November 1989, keine 24 Stunden nach der überraschenden Öffnung der innerstädtischen Grenzübergänge, öffnete die DDR die Glienicker Brücke als ersten zusätzlichen Übergang für den Autoverkehr.

„Mit Feuerwerk, Wunderkerzen und einem Spalier von mehreren tausend West-Berlinern wurden gestern Abend die ersten Besucher aus der DDR empfangen, die über die Glienicker Brücke zu Fuß oder mit dem Auto kamen", berichtete der *Tagesspiegel*. „Das Bauwerk, nach Jahrzehnten wieder öffentlich zugänglich und gestern Abend tatsächlich zur Brücke der Einheit geworden, wurde zum Schauplatz eines Volksfestes."[6]

Am folgenden Wochenende stauten sich die Trabis und Wartburgs der Nachbarn von der anderen Seite der Havel bis in die Potsdamer Innenstadt zurück. In den Wochen danach herrschten chaotische Verkehrsverhältnisse, denn auch viele West-Berliner nutzten den neuen, alten kurzen Weg zu Besuchen in dem so fremd gewordenen Potsdam. In der Nacht vom 2. auf den 3. Oktober 1990, dem Tag der deutschen Wiedervereinigung, wurde dann mit einem Volksfest im Mondschein auf der Brücke das Ende der Teilung gefeiert.

Statt des weißen Grenzstrichs in der Mitte der Brücke verläuft dort nun ein in den Boden eingelassener Metallstreifen mit der Aufschrift „Deutsche Teilung bis 1990". Und wer genau hinschaut, kann noch die unterschiedliche Färbung der Brückenkonstruktion auf beiden Seiten erkennen: Das Grün auf der Berliner Seite ist etwas dunkler als auf der Potsdamer. Der Grund hierfür ist, dass die West-Berliner Behörden „ihren" Teil der Brücke bereits Anfang der 1980er Jahre renovieren ließen, während die DDR erst fünf Jahre später zu Werke ging – freilich auf Kosten des Westens und mit aus West-Berlin gelieferter Farbe. Touristenführer erzählen gern die Legende, dass die DDR-Anstreicher die Farbe verdünnt hätten, um etwas für eigene Zwecke abzuzweigen. Tatsächlich aber hatte die Farbe wohl einfach einen etwas helleren Ton als die fünf Jahre zuvor genutzte.

Eine italienische Basilika im Niemandsland – die Sacrower Heilandskirche

Nach Öffnung der Glienicker Brücke konnte man nun auch wieder auf ihr verweilen, um den Blick über die von dem Gartenkünstler Peter Joseph Lenné gestaltete Potsdamer Parklandschaft schweifen zu lassen. In dieser Perspektive bildet die Sacrower Heilandskirche einen besonderen optischen Anziehungspunkt. Während der Zeit der Teilung war die im Grenzgebiet liegende Kirche ganz ähnlich wie die Brücke zu einem Symbol der deutsch-deutschen Ausnahmesituation geworden, dazu aber auch eines grenzübergreifenden Bürgersinns.

Das malerische Ensemble liegt wie ein Schiff am Ufer der Havel, man könnte sie für die Fata Morgana einer italienischen Basilika halten. Der romantische Eindruck der Kirche rührt auch von dem freistehenden Glockenturm her, dem Campanile, eine in der deutschen sakralen Architektur bis dahin kaum gesehene Variante. Auf einer kleinen Landzunge gelegen, an einer Bucht, in der die Havelfischer bei Sturm Schutz suchten, besitzt die Kirche eine willkommene Symbolik: ein Hafen bei Gefahr. Dazu kommt die technisch anspruchsvolle Konstruktion auf einer Pfahlgründung direkt am Ufer, teilweise ins Wasser ragend, woraus sich reizvolle Spiegelungen ergeben. Ein Kirchenschiff in jeder Hinsicht.

Das Bauwerk geht auf die Italienbegeisterung des kunstsinnigen preußischen Königs Friedrich Wilhelm IV. zurück, der den begnadeten Schinkelschüler Ludwig Persius Anfang der 1840er Jahre mit dem Bau beauftragte und eigene Skizzen beitrug. Der König begleitete die Arbeiten aufmerksam und besuchte mehrfach die Baustelle, wie Persius in seinem Tagebuch notierte. Nach Ansicht der Münchener Historikerin Hedwig Richter manifestiert sich hier auch die romantische rückwärtsgewandte Geisteshaltung des Königs, der mit seinen diversen

Die Heilandskirche in Sacrow

Kirchenbauten ein sakrales Herrschaftsverständnis zum Ausdruck gebracht habe.[7] Doch letztlich versöhne „die Schönheit der Architektur und die verwunschene Abgelegenheit des Ortes mit der fremden Botschaft".[8]

Nach der feierlichen Einweihung am 21. Juli 1844 in Anwesenheit des Königspaars blieb Friedrich Wilhelm IV. dem Gotteshaus sehr verbunden. „Der König und die Prinzlichen Herrschaften kamen während der Sommermonate fast sonntäglich zum Gottesdienste, und dies veranlasste dann auch viele Bewohner Potsdams zum Kirchgang nach Sacrow", berichtete der Stadtchronist Heinrich Wagener. „Gewöhnlich fuhren die Hohen Herrschaften in Booten über das blaue Havelbecken, wie denn auch die Potsdamer fast durchgängig in Gondeln und Kähnen zur Kirche fuhren."[9]

Für ein gutes Jahrhundert war die Heilandskirche einer der idyllischsten Orte der Potsdamer Kulturlandschaft. Dann aber brach die graue Zeit der deutschen Teilung und der Berliner Mauer an. Nun wurde die im Krieg unversehrt gebliebene Kirche zum Teil der Grenzbefestigung, mitten im Niemandsland, von keiner Seite zu erreichen außer von Streife gehenden Grenzsoldaten. Zu sehen war sie allein vom gegenüberliegenden Ufer der Havel, wo ein Spazierweg vom Flensburger Löwen in Wannsee zum Schloss Glienicke führt. Es waren Blicke „voller Staunen und Sehnsucht", wie der damalige Regierende Bürgermeister Richard von Weizsäcker es formulierte. Dass dies alles einmal Teil eines Gesamtkunstwerks war, das von der Pfaueninsel bis nach Werder reichte, mit von Lenné erdachten und gestalteten Sichtachsen, war in jenen Jahren nur noch zu erahnen. Erst nach dem Mauerfall, in den 1990er Jahren, kehrte das Bewusstsein für das preußische Arkadien zurück, das dann von der UNESCO als Welterbe der Schlösser und Parks von Potsdam und Berlin geehrt wurde.

Der letzte Gottesdienst in der Heilandskirche nach dem Mauerbau fand Heiligabend 1961 statt. Danach informierte ein Offizier der Grenztruppen den in Klein Glienicke – einer nach Wannsee hineinragenden Exklave der DDR auf der anderen Seite der Havel – wohnenden Pfarrer Joachim Strauss, dass das Innere der Kirche „von Unbekannten" zerstört worden und nicht mehr nutzbar sei. Wer mögen diese „Unbekannten" im abgesperrten Grenzgebiet wohl gewesen sein? Von nun an konnte man vom Wannseeer Havelufer aus den Verfall der Kirche verfolgen, was auch immer wieder in den Medien thematisiert wurde. Schließlich wuchsen aus dem beschädigten Dach schon Bäume, was nun auch den Potsdamer Denkmalschutz auf den Plan rief. Ein Gutachten attestierte dem Bau 1981 einen katastrophalen Zustand. Die Behörden stimmten einer „minimierten Sanierung" zu, um den völligen Verfall der Kirche zu stoppen, der auch den Ruf der sich als Kulturnation verstehenden DDR zu schädigen drohte. Größere denkmalpflegerische Rücksichten wurden dabei nicht genommen: „Eine Eindeckung mit kunststoffbeschichteten trapezförmigen Ekotalblechen ist auch möglich und gestalterisch vertretbar (…)“, hieß es beispielsweise in dem Gutachten.[10]

Nun traf es sich, dass der Gemeindepfarrer Strauss sein 65. Lebensjahr erreichte und somit in den Westen reisen durfte. Er nutzte seine kirchlichen Kontakte und warb in West-Berlin um Hilfe zur Rettung der Sacrower Kirche, der *Tagesspiegel* mit seiner bildungsbürgerlichen Leserschaft nahm sich der Sache auch an. Sie hatten Erfolg: Der Regierende Bürgermeister Richard von Weizsäcker sagte eine halbe Million D-Mark aus Senatsmitteln zu, eine weitere halbe Million trug die gemeinnützige Pressestiftung Tagesspiegel bei. Es begannen komplizierte Verhandlungen, in die der DDR-Devisenbeschaffer Alexander Schalck-Golodkowski ebenso einbezogen war wie Brandenburgs späterer Ministerpräsident Manfred Stolpe, damals Konsistorialpräsident der Evangelischen Kirche in der DDR. Die Gelder sollten direkt an die Kirche fließen und zur Finanzierung der äußeren Reparaturen durch Potsdamer Firmen dienen. Die Arbeiten begannen im Herbst 1984.

Die Kirche war also vor dem Einsturz bewahrt, besucht werden konnte sie weitere fünf Jahre nicht. Gleich nach dem Mauerfall bemühte sich die Gemeinde darum, die Kirche zu Weihnachten 1989 wieder nutzen zu dürfen. Und so geschah es: Schutt wurde weggeräumt, eine Bauheizung aufgebaut, Stühle herbeigeschafft. Und wie beim letzten Gottesdienst 1961 hielt Pfarrer Joachim Strauss die Predigt, in einem bewegenden deutsch-deutschen Gottesdienst in einer kargen, nur mit Tannenzweigen und Kerzen geschmückten Kirche. Berlins Regierender Bürgermeister Walter Momper und sein Vorgänger Richard von Weizsäcker lauschten ebenso wie hunderte Bürger aus Potsdam, Wannsee und Umgebung. Es war so voll, dass der

Gottesdienst per Lautsprecher nach draußen übertragen werden musste.

In den folgenden Jahren ist die Heilandskirche innen und außen grundlegend und denkmalgerecht saniert worden. Das von Carl Begas entworfene Fresko über dem Altar ist ebenso wiederhergestellt wie der blaue Sternenhimmel, und die bereits in den letzten DDR-Jahren geborgenen, aus Lindenholz geschnitzten zwölf Apostelfiguren schauen wieder von ihren Konsolen links und rechts des Kirchenschiffs auf die Besucher.

Erhalten geblieben ist auch eine Art öffentliche Chronik der Kirchengeschichte, die sich außen auf den preußischblauen Fliesenbändern findet, welche die Ziegelmauern schmücken. Es sind die meist mit Bleistift gekritzelten Botschaften von Besuchern, die erste datiert von 1850. Oft stammen sie von Ausflüglern oder Liebespaaren, die sich hier mit Initialen und Datum verewigt haben, um zu zeigen: „Wir waren hier!" Das nahm schon Anfang des 20. Jahrhunderts solche Ausmaße an, dass sich das kaiserliche Oberhofmarschallamt 1907 veranlasst sah, Warnschilder aufzustellen: „Das Bemalen, Beschreiben, sowie jede Verunreinigung oder Beschädigung der Wände und Thüren der Kirche, des Säulenganges und des Thurmes ist verboten."[11] Verstöße dagegen wurden mit bis zu 1000 Mark oder mit Gefängnis bis zu zwei Jahren bedroht.

Doch es nützte nicht viel. So spiegeln die Kritzeleien die wechselnden Zeiten und ihre Besucher wider: Im Ersten und Zweiten Weltkrieg kamen häufig Soldaten, nach 1945 finden sich kyrillische Zeichen der sowjetischen Besatzer, später dann hinterließen DDR-Grenzsoldaten ihre Spuren, heute sind es wieder Touristen. Inzwischen gelten die Botschaften als schützenswerte Zeitdokumente. Ein Autor der *Süddeutschen Zeitung* hat dazu im Sommer 2023 das Bonmot eines Kirchenführers aufgeschnappt: „Nach 1990 ist es Vandalismus, vor 1990 historisch wertvoller Vandalismus."[12]

Klein Glienicke, eingemauerte Exklave auf dem Gebiet von Wannsee

Die Insellage Wannsees brachte es mit sich, dass die Grenze zur DDR überwiegend durch Gewässer verlief. Die Mauer als massives Bauwerk war hier, anders als im Rest Berlins, kaum präsent. Eine Ausnahme bildete eine historisch bedingte Kuriosität am nordöstlichen Ende des Griebnitzsees: der rechtlich zu Potsdam gehörende Ortsteil Klein Glienicke. Die etwa 500 Einwohner zählende Siedlung liegt jenseits des Wasserlaufs und ragt ein ganzes Stück in das Gebiet von Wannsee hinein. Was vor der deutschen Teilung kaum eine Rolle spielte, hatte nun einschneidende Folgen: Klein Glienicke wurde zu einer DDR-Exklave auf West-Berliner Territorium. Die einzige Verbindung zum Potsdamer Gebiet führte über eine schmale, ursprünglich nur für Fußgänger gedachte Brücke zum Schlosspark Babelsberg. Der Pfarrer Joachim Strauss machte aus der Not eine Tugend: Er war neben Klein Glienicke auch für die Kirchen in Nikolskoe und Sacrow zuständig und fuhr zu den Gottesdiensten bis zum Mauerbau mit einem Motorboot über die Havel.

Nach dem 13. August 1961 ersetzte die DDR den bis dahin gezogenen Stacheldraht rasch durch eine hohe Grenzmauer. Die nur 28 Hektar große Siedlung bildete nach den DDR-Kategorien nun eine „Sondersicherheitszone", die nur mit einem speziellen Passierschein betreten werden durfte, der von Grenzposten in einem Wachhäuschen auf der Babelsberger Seite der Brücke kontrolliert wurde. Das führte dazu, dass die Einwohner kaum noch Besucher empfangen konnten. Mit den Nachbarn in Wannsee bestand bis zum Mauerbau immerhin Blick- und Rufkontakt, solange keine Grenzsoldaten in der Nähe waren. Diese unwirkliche Situation hat der Schriftsteller Martin Ahrends eindrucksvoll skizziert, der als Zehnjähriger im nahe-

Das Luftbild entstand am 12. Mai 1982 auf Höhe der Königstraße in Berlin-Zehlendorf und zeigt das vom Mauerstreifen umgrenzte Klein Glienicke.

gelegenen Grenzgebiet von Kleinmachnow ähnliche Erfahrungen wie die Menschen in Klein Glienicke gemacht hat:

„Die Westhäuser waren nur zehn Meter entfernt. Wir konnten sehen, wie die Westmenschen auf dem Balkon saßen, Kaffee tranken, strickten, Zeitung lasen und manchmal zu uns rüberwinkten. Wir sahen die Berliner Doppelstockbusse an ihrer Endhaltestelle ankommen und abfahren, wir sahen die Busfahrer ihr Brot auspacken und reinbeißen. Wir konnten lange rübergucken und immer wieder. Obwohl da wenig passierte, nichts, das uns in ähnlicher Weise fasziniert hätte, wenn wir es bei uns im Osten gesehen hätten. Es war streng verboten, das Grenzgebiet zu betreten, und es war auf eine weit subtilere Art verboten, rüberzugucken: es verbot sich sozusagen von selbst, sich für drüben zu interessieren, weil man ja einer von hier war: ein junger Pionier, der nur Verachtung hat für die letzten Zuckungen des faulenden Kapitalismus. Oder: weil man da nicht hinkonnte.

Vom vielen Rübergucken wird man krank, hatte die Mutter von [meinem Schulfreund] Klaus gesagt. Und in diesem Sinne gab es auch ein nichtoffizielles Verbot, das man vielleicht als ein psychohygienisches bezeichnen könnte. Auf diese für mich damals recht verschwommene Weise verbot sich das Rübergucken von selbst und hatte dieses Verbotes wegen seinen besonderen Reiz. Aber das war es nicht allein. Wenn ich den Blick beschreiben soll, mit dem ich damals, als 10jähriger rüberguckte, dann scheint mir das Wort ungläubig am treffendsten. Die reale Nähe und reale Ferne lagen übereinander und ließen die Bilder schwimmen, steigerten meine Sinneseindrücke von Pausenbrot essenden BVG-Busfahrern ins Sensationelle. Ich saß auf Klaus' Dachboden und starrte aus dem Fenster, ungläubig. Wenn es Palmen und Zypressen gewesen wären, hätte ich es geglaubt. Aber es waren dieselben Kiefern, die auch auf unserer Seite standen."[13]

In Klein Glienicke herrschten zahlreiche zum Teil bizarr anmutende Einschränkungen, zum Beispiel mussten alle Leitern immer angeschlossen sein – eine Vorsichtsmaßnahme gegen Fluchtversuche über die Mauer. Verstöße wurden mit einer eher symbolischen Geldbuße von fünf Mark bestraft. Im Laufe der Jahre sorgten die DDR-Behörden dafür, dass im Sinne der SED politisch unzuverlässige Einwohner von Klein Glienicke nach und nach durch linientreue Bürger ersetzt wurden. Dennoch lebten dort immer noch Menschen, die nach Westen strebten.

Und so gelang in der Nacht zum 26. Juli 1973 die letzte große Tunnelflucht aus der DDR ausgerechnet hier, in diesem besonders streng überwachten Ort. Zwei Familien – vier Erwachsene und fünf Kinder – robbten vom Keller ihres Wohnhauses in der Waldmüllerstraße 19 Meter weit durch einen engen Tunnel unter der Mauer hindurch in den Park des zum Westen gehörenden Jagdschlosses Glienicke. „Wir haben zu

Gelungene Tunnelflucht von Klein Glienicke
nach Berlin-Zehlendorf am 26. Juli 1973

zweit gegraben, mein Bruder und ich, wir kratzten den Sand mit einer Kinderschaufel aus und schippten ihn mit einem kleinen Spaten auf ein Wägelchen. Den Sand verteilten wir dann überall in den Kellerräumen", berichtete einer der Flüchtlinge später über die wochenlangen Arbeiten, die von den Bewachern unbemerkt geblieben waren.[14]

Ein Brennglas des deutschen 20. Jahrhunderts

Klein Glienicke war aber schon vor seiner Sonderrolle als Folge des Mauerbaus ein zeitgeschichtlich bedeutsamer Ort. Hier lebte Kurt von Schleicher, der letzte Reichskanzler der Weimarer Republik vor der Machtübernahme Adolf Hitlers. Der ließ den vormaligen General und seine Ehefrau Elisabeth im Zuge des sogenannten Röhm-Putsches am 30. Juni 1934 von Agenten des Sicherheitsdienstes der SS in seiner Villa in der Griebnitzstraße ermorden und die Tat vertuschen. Sie wurde erst nach 1945 aufgeklärt. Während der NS-Zeit wurden auch hier Juden gezwungen, ihre Anwesen zu verkaufen. Die in der Nachbarschaft Schleichers wohnende bekannte Filmschauspielerin Lilian Harvey wurde von der Gestapo beobachtet, weil sie jüdische Bekannte und Kollegen beschützt und ihnen zur Flucht verholfen hatte. 1939 emigrierte sie schließlich selbst über Frankreich in die USA.

Klein Glienicke war Ende des 19. Jahrhunderts wie Wannsee ein beliebter Wohnort für wohlhabende Berliner, die Reichen und Schönen, geworden. Der damalige Besitzer der Glienicker Wälder und Ländereien Carl von Preußen hatte dort ein Dutzend großzügige Häuser im Schweizer Stil bauen lassen, was zu dem Beinamen „Schweizer Dorf" führte. Dazu kamen weitere Villen. Eine ganze Reihe dieser Häuser, die unmittelbar an der Grenze lagen und dem Mauerbau im Wege standen, ließen die DDR-Behörden enteignen und abreißen, darunter auch einige der historisch wertvollen Schweizer Häuser. Nach dem Mauerfall gab es langjährige Auseinandersetzungen um die Rückgabe während der Nazi- und der DDR-Jahre enteigneter Anwesen, die inzwischen wieder eine attraktive Lage hatten. Es zeigte sich, dass hochrangige DDR-Funktionäre die letzten Monate der DDR nach dem Mauerfall genutzt hatten, sich das Eigentum an Häusern und Grundstücken in Klein Glienicke anzueignen, wogegen Alteigentümer später juristisch vorgingen.

Heute gehören die Grundstückspreise hier zu den höchsten in Berlin und Potsdam. Ähnlich wie in Kleinmachnow, in den bevorzugten Lagen von Potsdam oder auch an der Ostseeküste können es sich alteingesessene ehemalige DDR-Bürger kaum leisten, hier etwas zu erwerben. Aus ihrer Sicht hat so etwas wie ein Bevölkerungsaustausch stattgefunden, ein Vorgang, der einen Anteil an der in jüngster Zeit wieder aufgeflammten Debatte über den Umgang der Westdeutschen mit den Ostdeutschen nach der Wiedervereinigung hat.

Andererseits könnte man auch sagen: Die „Reichen und die Schönen" sind zurückgekehrt und haben ihre Positionen, die sie vor den beiden Diktaturen mit ihren großen gesellschaftlichen Umbrüchen hatten, wieder eingenommen. Klein Glienicke ist wieder zu der bevorzugten Wohnlage und dem beliebten Ausflugsziel geworden, das es in den 1920er Jahren schon einmal war. Der hier aufgewachsene Autor Michael Zajonz hat es so zusammengefasst: „In Klein-Glienicke fokussiert sich wie in einem Brennglas das deutsche 20. Jahrhundert: vom mondänen Leben der Oberschicht und kleinbürgerlichem Ausflugsbetrieb über die Gewalt gegen politisch Andersdenkende sowie jüdische Mitbürger, den Wahnsinn der Mauer bis hin zu den Turbulenzen, die mit der Rückübertragung von Immobilien nach 1990 verbunden waren."[15] So ist der Ort auch ein Ausdruck der besonderen politischen und gesellschaftlichen Topografie der Wannseeinsel.

Kapitel 10
Die Ufer der Geschichte

Alles fließt

Was ist Geschichte, das Vergangene? Was ist die Gegenwart, die Momente, die wir erleben? Was ist die Zukunft, das, was uns erwartet, was wir erhoffen und manchmal auch fürchten? Es lohnt sich, mit diesen Fragen im Kopf hinaus zum Wannsee zu fahren. Vielleicht wird es an seinen Ufern keine eindeutigen Antworten geben, vielleicht verschwimmen die Fragen und die Antworten nach der Geschichte, der Gegenwart und der Zukunft, so wie die Zeiten auf den Wassern der Havel dahinfließen und der See doch immer der See bleibt.

Wer hinausfährt, könnte ein Buch mitnehmen, zum Beispiel den schon zu Beginn erwähnten Roman *Fatherland* des britischen Autors Robert Harris. *Fatherland* war das Debüt von Harris und es machte ihn über Nacht berühmt, weil er so virtuos mit der Stadt Berlin, Deutschland und der Zeit spielte.

Der Roman beginnt am Wannsee, in der Nähe von Schwanenwerder: „Dicke Wolken hatten die ganze Nacht über Berlin gedräut, und jetzt schleppten sie sich in das hinein, was als Morgen galt. An den westlichen Stadträndern trieben Regenfahnen wie Rauch über die Oberfläche der Havelseen. Himmel und Wasser verschmolzen zu einer grauen Schicht, die nur von der dunklen Linie des gegenüberliegenden Ufers unterbrochen wurde. Da bewegte sich nichts. Kein Licht war zu sehen."[1] Das Buch kam 1992 auf den Markt. Die Beschreibung des Sees ist zeitlos, aber die Geschichte von *Fatherland* ist viel mehr. Sie erzählt die Zukunft der Vergangenheit. Harris imaginiert ein Drittes Reich, das den Zweiten Weltkrieg gewonnen hat, er entwirft ein nationalsozialistisches Berlin in der Nachkriegszeit. Es sind die 1960er Jahre und Hitler ist nicht tot, sondern an der Macht. Und am westlichen Stadtrand Berlins liegt wie immer der Wannsee, das Wasser der Havel. Was 1942 in einer Villa am See geschehen war, das ist das große Geheimnis in diesem deutschen „Vaterland". Bis zu dem Moment, als ein Kriminalkommissar eine Entdeckung macht und in der Vergangenheit ermittelt.

Harris leistet sich in seinem Krimi ein intellektuelles Spiel mit der Geschichte, aber manchmal erledigen das die Zeiten am Wannsee auch selbst, ganz nebenbei, wie es scheint. Oberhalb des nordöstlichen Ufers der Havel liegt eine der wenigen wirklichen Anhöhen Berlins, es ist der Teufelsberg, der nicht allzu schwer zu ersteigen, aber schwer zu begreifen ist. Der Berg besteht aus Trümmern, den Trümmern der Vergangenheit des Zweiten Weltkriegs. Wer heute auf den Teufelsberg spaziert, sieht eine verlassene Welt, einen Lost Place im wahrsten Sinne des Wortes. Baufällige Türme und seltsam zerrupfte kreisrunde Gebilde, surreal zerlöcherte Riesenkugeln stehen auf dem Plateau, bemalt oder beschmiert, je nachdem, umgeben von Kunst, eine große Streetart-Galerie an einem der seltsamsten Plätze Berlins.

Das alles sieht nach Geschichte aus, ist aber die Gegenwart. In der Geschichte war hier nämlich nichts zerstört oder bemalt, in der Geschichte des Kalten Krieges war der Teufelsberg einer der effizientesten und technologisch hochgerüsteten Orte Berlins. Die verfallenen Türme und zerstörten Kugeln auf dem Berg sind die Ruinen einer der größten amerikanischen Abhöranlagen in Europa. Bis zum Fall der Mauer hatten die USA hier mitten im Gebiet des Warschauer Pakts, auf der Insel West-Berlin, ihre Augen und Ohren. Nichts blieb den Radarstationen oberhalb des Grunewalds verborgen. Und noch heute ist dieser merkwürdige Punkt über der Stadt ein guter Ort, um die

Geschichte und die Gegenwart zu begreifen und vielleicht zu erkennen, dass die Zukunft manchmal ganz anders aussieht, als man einst gedacht hat. Nicht nur am Teufelsberg.

Das blaue Band der Havel

In *Fatherland* lässt Robert Harris seinen Kommissar Xaver March auf eine Karte von Berlin blicken, es ist ein zeitloser Moment. „March blickte auf die Berlinkarte. Das meiste war ein graues Spinnennetz aus Straßen. Aber auf der Linken gab es zwei Farbkleckse: das Grün des Grunewalds und, daran entlanglaufend, das blaue Band der Havel.“[2] Schaut man heute vom Teufelsberg Richtung Südwesten, sieht man noch immer: das Grün des Grunewalds und das blaue Band der Havel. Man sieht das Wasser hinter den Baumspitzen; die Details an den Ufern, die Straßen und Häuser verschwimmen, lösen sich im Panorama auf. Und das macht es so reizvoll zu fragen, was von den Geschichten am Ufer des Sees und der Havel bleibt.

Man könnte ganz einfach sagen: Das, was da ist, ist geblieben, also die Gegenwart. Aber das stimmt nicht. Denn die Gegenwart dort unten an der Havel und am Wannsee ist ohne die Vergangenheit nicht denkbar, sie wird noch heute bestimmt von dem, was war. Wäre es nicht so, wäre die Villa Am Großen Wannsee 58–60 nur eine Villa am See, aber sie ist eine Gedenkstätte für das Undenkbare. Wäre es nicht so, wäre die Glienicker Brücke nur eine Brücke zwischen Berlin und Potsdam, aber sie war der Ort, an dem im Kalten Krieg die Welten aneinanderstießen, und auch deshalb kommen noch heute Leute aus aller Welt hierher, um auf dieser Brücke zu stehen, auf der einst die Spione der USA und der Sowjetunion ausgetauscht wurden.

Und selbstverständlich spiegeln sich die Bilder, die Max Liebermann vom Wannsee gemalt hat, noch immer in unserem Gedächtnis wider, in ihren hellen Tönen, die er gegen die dunklen Zeiten setzte. Die Eindrücke der Stadt am Wasser verschwimmen, nicht nur von oben, vom Teufelsberg betrachtet. Die Geschichte fließt. Und manchmal ändert sich der Blick auf sie. Der virtuose amerikanische Fotograf Mitch Epstein verlor viele Familienmitglieder im Holocaust. Nach Deutschland zu reisen, konnte er sich lange nicht vorstellen. Irgendwann tat er es doch und bekam schließlich das Angebot, mit seiner Familie ein halbes Jahr in der American Academy zu leben. Epstein musste man nicht erklären, wo der Wannsee liegt und was dort 1942 geschehen war. Im Vorwort seines bekannten Fotobuches *Berlin* beschreibt Epstein, wie er und seine Familie mit einem Auto am Flughafen Tegel abgeholt und zur Academy nach Wannsee gebracht werden, „in den Vorort, in dem die Nazis die Endlösung planten".[3] Epstein lässt den Wannsee in diesen Monaten immer wieder hinter sich, um die Berliner Mitte zu fotografieren, ein disruptiver Ort im Zentrum Europas, in dem nach dem Mauerfall Vergangenheit, Gegenwart und Zukunft ineinanderfließen und verschwimmen.

Interessant, dass Epstein den Wannsee selbst und ganz besonders das Strandbad nicht in die vielfältigen Schichten seiner Berliner Blicke aufgenommen hat. Denn es ist schon erstaunlich, dass ein berühmter Ort am Wannsee in allen Bildern, Systemen und Herrschaften immer das war, was er von Anfang an sein sollte: ein Strandbad.

Der Strand der Freiheit

Das Strandbad Wannsee hat alle Zeitenwenden überdauert und ist alles andere als ein Museum oder ein verlassener Ort. Das Strandbad Wannsee, in das die Menschen schon in der Weimarer Republik zogen, das auch die Nationalsozialisten später für sich nutzten, in dem die West-Berliner dann eben jene Nationalsozialisten und den Krieg vergessen wollten und konnten, das Strandbad, in dem auch heute noch die kleine Stadtflucht gelingt – dieser Ort ist nie untergegangen.

Und wenn wir auf das zurückliegende Jahrhundert blicken, ist das ein durchaus tröstlicher Gedanke. Denn das Bad ist und war in den meisten Jahrzehnten seines Bestehens ein zutiefst demokratischer Ort für die Berlinerinnen und Berliner, und nicht nur für sie. Kein exklusiver Ort, kein akademischer, kein großbürgerlicher. Das alles gibt es auch und vor allem am See, aber das Strandbad war nie der Platz, von dem Makler und Könige träumten. Jedoch bot es jedem auf engstem Raum ein Gefühl von Freiheit, das anderswo am See oft unbezahlbar war und ist. Die bekanntesten Bilder und Zeichnungen dazu hat ganz sicher Heinrich Zille erschaffen, die schönsten Fotos der Freiheit im Strandbad aber stammen vom amerikanischen Fotografen und Künstler Will McBride. Sie entstanden in den 1950er Jahren und sind noch heute zeitlos gut. Sie zeigen den See und vor allem die Menschen, junge Menschen, in einer fast idealen Welt, im Sommer, in Freiheit und unbekümmert.

Der Schriftsteller und Verleger Michael Krüger, der dem Strandbad ein kleines literarisches Denkmal gesetzt hat, zeigt darin, wie sehr der See auch in schwierigen politischen Zeiten, unmittelbar nach dem Krieg, unmittelbar im Kalten Krieg zu einer gewissen Unbekümmertheit anleiten konnte. Krüger beschreibt das sehr schön am Beispiel eines Tages mit seinem Vater auf dem Wasser des Wannsees, unterwegs in einem Klepper-Boot: „Mein normalerweise sehr zivilisiert auftretender Vater hatte die unangenehme Eigenschaft, plötzlich und unvermittelt und ohne mit dem einförmigen Paddeln innezuhalten, bei strahlender Sonne mitten auf dem Wannsee von hinten zu fragen: Wo liegt Peking?“[4]

Peking also. Erkunden sollte Michael Krüger das mittels des Stands der Sonne, präzise die Himmelsrichtung bestimmen. Die Antwort gefiel seinem Vater nicht. „Er war ganz einfach zutiefst enttäuscht, dass ich nicht in der Lage war, hinter Kladow oder hinter Schwanenwerder die Stadt Peking zu orten.“ Aber es war mehr als eine geografische Frage. Für den Vater war es eine Frage der Bildung.

Für Michael Krüger hingegen ließ sich die Welt vom Wannsee noch ganz anders betrachten, und Peking auch. Ihm wollte es nicht einleuchten, „dass es zur Bildung – zur einfachen und nicht einmal zur höheren, humanistischen Bildung – gehören sollte, auf dem Wasser des Wannsees, der nur zur Hälfte dem humanistisch denkenden Westen gehörte, zu wissen, ob Peking mehr hinter Glienicke und Timbuktu mehr hinter dem Schlachtensee lag. Der andere, nicht-humanistische Teil, wozu ganz eindeutig Peking gehörte, gehörte zum Osten, zum Ostblock (…). Da nun aber um ganz Berlin herum Osten war, war es doch eigentlich gleichgültig, wo Peking lag?“ So war die Weltlage am Wannsee, aber das ist nun wirklich Vergangenheit. Was nicht nur für die Berliner Gegenwart ein Segen ist.

Gedanken in Sacrow

Michael Krüger ist im Westen Berlins aufgewachsen und sein Strandbad lag am westdeutschen Ofer des Wannsees. Die deutsche Teilung machte die Fragen nach der Vergangenheit, der Gegenwart und der Zukunft am Wannsee übrigens durchaus kompliziert. Denn bis zum Ende des Zweiten Weltkriegs waren Westen und Osten auch am Wannsee lediglich Himmelsrichtungen. Erst in der langen Gegenwart des Kalten Krieges wurden die Begriffe politisch. Und heute, gewissermaßen in der Zukunft nach dem Weltenbruch, sind Westen und Osten am See wieder nur Himmelsrichtungen, im besten Falle. Aber natürlich machte es einen Unterschied, ob ein westdeutscher Intellektueller wie der *FAZ*-Herausgeber Frank Schirrmacher nach dem Mauerfall in den Grunewald, nach Schwanenwerder oder aber eben nach Potsdam zog, in Schirrmachers Fall war es sogar Sacrow, eine der schönsten Stellen des Ufers der Havel.

Vielleicht war es ihm gerade mit Blick auf die deutsche Geschichte ein besonderes Vergnügen, an einem neuen Ufer zum Gelingen eines liberalen, freiheitlichen Deutschlands beizutragen. Ihm blieb nicht viel Zeit dafür. Im Frühsommer des Jahres 2014 steht das intellektuelle Deutschland, auch Michael Krüger ist dabei, an Schirrmachers Grab auf dem Friedhof in Sacrow. Er wurde nur 54 Jahre alt. Aber er hat Bücher und Gedanken hinterlassen, die bleiben. Man kann sie mitnehmen zum Wannsee, wenn man hier über die Vergangenheit, die Gegenwart und die Zukunft nachdenken möchte. Manchmal sind sie eine stille Mahnung: „Jeder kennt das Gefühl, täglich, ja stündlich Lebenszeit zu verschwenden. Die ‚verlorenen Jahre', die drei Generationen von zwei Kriegen geraubt worden waren, wandelten sich zu verlorenen Tagen und Stunden. Während die Gewerkschaften mehr Freizeit erstritten, wurde die seelische Zeit zur bedrohten Ressource. Fernseher und Computer gelten als Zeitfresser; noch heute strahlen sie schlechtes Gewissen ab, weil sie von Dingen abhalten, die über Jahrhunderte dazu dienten, Zeit zu füllen: Lernen, Lesen, Erziehen, Reden, Ruhen."[5] Das schrieb Schirrmacher gut zehn Jahre vor seinem Tod.

Schirrmachers Grabstein in Sacrow steht nahe der Havel. In den Stein ist ein leicht sperriges Goethezitat eingelassen: „Die Überzeugung unserer Fortdauer entspringt mir aus dem Begriff der Tätigkeit, wenn ich bis an mein Ende rastlos wirke, so ist die Natur verpflichtet, mir eine andere Form des Daseins anzuweisen, wenn die jetzige meinen Geist nicht ferner auszuhalten vermag." Die Sterblichkeit als Versprechen einer anderen Zukunft. Schön, dass die Natur auf dem Sacrower Friedhof das Zitat auf dem Grabstein mittlerweile etwas abgewandelt hat, sodass es dem Verstorbenen vielleicht sogar noch zugewandter ist. Der Efeu, der über den Grabstein wächst, rankt nicht nur über Schirrmachers Namen. Er verdeckt auch die Silbe „aus" in dem Wort „auszuhalten", sodass Jahre nach Schirrmachers Tod klar ist: seinen Geist auszuhalten, war anregend, aber ihn nicht *halten* zu können, das war ein bestürzender Verlust.

Die Topografie der Einflussreichen hat sich verändert in jenen Jahren nach dem Mauerfall und der Wiedervereinigung. Schirrmacher ist nach Sacrow und nicht nach Schwanenwerder gezogen. Auch Mathias Döpfner, der Chef des Springer-Verlags, lebt in Potsdam und nicht auf Schwanenwerder, der Insel des Verlagsgründers. Wer weiß, vielleicht wäre auch Axel Springer von Sanssouci angezogen gewesen, wenn es ihm möglich gewesen wäre, dorthin zu gehen; aber Axel Springer war ein König West-Berlins, und das Schloss der Preußenkönige lag damals nicht nur in Potsdam, sondern eben auch in der DDR.

In der Biografie des Verlegers hat der große Journalist Michael Jürgs beschrieben, wie in Springers Villa auf Schwanenwerder Vergangenheit und Gegenwart eine dekorative Symbiose eingingen: „Ein preußischer König hätte in dieser unprotzigen Pracht, in der die deutsche Geschichte sich von ihren besten Seiten in Möbeln, in Porzellan, in Silber, in Fa-

Das Grab von Frank Schirrmacher

yencen, in Gemälden ausweist, nicht besser leben können, aber eine Art König in Preußen war Springer ja."[6] Und ihm gefiel das, aber blenden ließ er sich nicht. In Axel Springers Schlafzimmer im Haus auf Schwanenwerder soll ein Werk des dänischen Malers Jens Birkholm gehangen haben. Birkholm war Anfang des 20. Jahrhunderts berühmt dafür, den Armen und den Ausgestoßenen Berlins in seinen Bildern ein Gesicht zu geben.

Robert Harris hat die Lage Schwanenwerders zu Beginn des Romans *Fatherland*, beim Blick auf die große Berlin-Karte sehr schön beschrieben: „In den See hinein krümmte sich wie ein Fötus eine Insel, mit dem Ufer durch eine Nabelschnurchaussee verbunden.“[7] Dort, wo Schwanenwerder mit einem schmalen Übergang, der Nabelschnur, mit dem Festland verbunden ist, dort ist die Insel heute noch ein sehr guter Ort zum Nachdenken über die Vergangenheit, die Gegenwart und die Zukunft. Denn gleich auf der rechten Seite steht das schmale, das besondere Haus der Familie Schertz, dessen breite Fenster die Blicke auf den See in beide Richtungen freigeben, nach Süden zum Großen Wannsee und nach Norden hin zur Havel bis hoch zum Grunewaldturm und weiter noch.

Ein Leben mit Weitblick

Georg Schertz sitzt sehr aufrecht in einem Sessel vor dem Panorama des Sees, er ist Ende achtzig und hat fast sein ganzes Leben hier in diesem Haus verbracht. Er weiß, wie Dinge sich ändern und wie sie auch gleich bleiben über die Jahrzehnte. Er kennt die Geschichte der Insel wie kein anderer, davon hat er oft erzählt und von diesen Erinnerungen haben wir schon im Laufe des Buches berichtet. Schertz aber ist mehr als ein Inselchronist. Er ist Jurist, war Polizeipräsident in Berlin zu Zeiten des Mauerfalls und er sieht die großen Linien in der Geschichte. Wenn er zum Beispiel davon erzählt, dass Adolf Hitlers Architekt Albert Speer sich auf Schwanenwerder das Grundstück Inselstraße Nummer 7 gekauft hatte, um dort nach dem „Endsieg“ eine Villa zu errichten, dieser Speer aber nie mehr als ein Bootshaus fertiggestellt hat, dann ist das auch eine Möglichkeit, die Geschichte des Dritten Reiches zu erzählen.

Die Tatsache, dass Schwanenwerder zu West-Berliner Zeiten eher verschlafen dalag, manche Villen verfielen und Grundstücke verwilderten, dann aber urplötzlich nach dem Mauerfall die Insel und ihre Lage wieder sehr begehrt wurden, ist wiederum eine Möglichkeit, die Geschichte und die Dynamiken der deutschen Wiedervereinigung zu erzählen. Auch das weiß Georg Schertz.

Ganz bis nach Potsdam kann man auch aus Schertz' Fenstern nicht sehen. Aber wenn man mit dem Juristen und Polizisten über die Vergangenheit, die Gegenwart und die Zukunft redet, dann fällt sein Blick doch in diese Richtung, nicht auf die Schlösser, nicht auf Sanssouci. Schertz hat Friedrich den Großen vor Augen, wenn er ausdrücken will, was ihm wichtig ist, was dieser Gesellschaft am wichtigsten sein sollte: „der Rechtsstaat". Ein guter Rat eines Mannes, der es in seinem Inselhaus gewohnt ist, immer nach beiden Seiten zu schauen, und die Tiefe dieser Blicke liebt.

Die helle Seite der Geschichte

Fahren wir zum Schluss zurück zum Ursprung der Besiedlung an den Ufern des Wannsees im 19. Jahrhundert. Auf eine kleine Anhöhe oberhalb des Sees. Es mag seltsam anmuten, am Ende einer Reise zum Wannsee hier einen alten Friedhof aufzusuchen, um die Frage nach der Zukunft beantworten zu können. Und natürlich findet sich auf den ersten Blick auf dem Friedhof an der Lindenstraße vor allem die Vergangenheit und auch ein wenig Gegenwart. Die Vergangenheit, die Königsdisziplin aller Friedhöfe, ist hier natürlich eine besonders große. Denn an der Lindenstraße liegen die Familiengräber der Gründer der Kolonie Alsen, also der Gründer des Ortes Wannsee, wie wir ihn heute kennen. Da diese Familien reich und mächtig waren, ist der schöne Friedhof auch als der Millionenfriedhof bekannt.

Noch heute lässt sich zwischen den Gräbern ein Hauch von der Großbürgerlichkeit jener Zeit erspüren. Aber was viel wichtiger ist: Der Friedhof ist ein Symbol für das friedliche Zusammenleben der Religionen und Kulturen, über den Tod hinaus, aber auch im Leben. Oder zumindest ist er eine Hoffnung darauf. Seine Gründer haben ihn Ende des 19. Jahrhunderts so verstanden, dass er eine Ruhestätte für Christen und Juden in Berlin, in Deutschland sein kann.

Ein kleines Zeichen dieser großen, menschlichen und liberalen Idee ist noch immer auf der alten Friedhofsmauer zu entdecken, es ist nicht auffällig, man kann es schnell übersehen. Und doch steht dort auf der Mauer ein Kreuz, in dessen Mitte ein Davidstern eingelassen ist, eine Symbiose der Religionen und Kulturen. Entstanden in einer Zeit, in der die dunkle Seite des Wannsees noch undenkbar schien, in der die Abgründe der deutschen Geschichte noch nicht mit dem Namen des Sees verbunden waren.

Das Kreuz mit dem Davidstern hat die Jahrhunderte am Wannsee überstanden, es steht für die helle Seite der Geschichte und des Sees. Und damit auch für die Hoffnung auf eine Zukunft, die sich hier in der Vergangenheit finden lässt und in der Gegenwart gelebt werden kann. Nicht nur am Wannsee, nicht nur in Berlin.

Anhang

Anmerkungen

Alle Links wurden zuletzt am 17. 1. 2024 abgerufen.

Kapitel 1: Der Mythos

[1] Siehe auch Daniel Kosthorst, „Ein Hoch auf uns" – Mythen der Deutschen nach dem Zweiten Weltkrieg, in: Stiftung Haus der Geschichte der Bundesrepublik Deutschland (Hg.), Deutsche Mythen seit 1945, Bielefeld 2016, S. 13–15.

[2] Michael Krüger, Das Strandbad, Hamburg 2022.

[3] Monica Black, Die Kakteen von Wannsee, in: Zeitschrift für Ideengeschichte, Heft VXII/2: Wannsee (Sommer 2023), S. 5–10, hier S. 7.

Kapitel 2: Die Anfänge

[1] Michael Stoffregen-Büller, Uferblicke: Geschichten rund um den Wannsee, Weilerswist-Metternich 2019, S. 56.

[2] Christoph Janecke, Das Dorf Stolpe: Notizen zu einer Ortschronik, in: Ahnen- und Familienforschung – Heimatgeschichte, https://www.janecke.name/ortsgeschichte/stolpe-wannsee.

[3] Landesdenkmalamt Berlin, Dorfkirche Stolpe, in: https://denkmaldatenbank.berlin.de/, Obj.-Dok.-Nr. 09075570.

[4] Georg Brasch (Hg.), Das Wannseebuch. Unveränderter Nachdruck des Originals von 1926, Edition Galerie Mutter Fourage, Berlin 2010, S. 11.

[5] Philipp Frank, Stolper Erlebnisse, in: ebd., S. 77 ff.

[6] Ingeborg Ruthe, Weib, Wucht, Widerstand, in: Berliner Zeitung, 3.2.2015.

[7] Dieses und die folgenden Zitate entstammen einem Gespräch mit Wolfgang Immenhausen am 14.8.2023.

Kapitel 3: Die Villen

1 Vgl. Jens-Peter Ketels, Ein bürgerliches Arkadien in Wannsee, Berlin 2022, S. 7.
2 Ebd.
3 Georg Brasch (Hg.), Das Wannseebuch. Unveränderter Nachdruck des Originals von 1926, Edition Galerie Mutter Fourage, Berlin 2010, S. 52.
4 Ebd., S. 53.
5 Ketels, Ein bürgerliches Arkadien (s. Anm. 1), S. 31.
6 Ebd., S. 138.
7 Eine kurze Geschichte der Villa Liebermann, in: https://liebermann-villa.de/ausstellung-digital/die-liebermann-villa.
8 Ebd.
9 Bild, 15.12.1992, S. 7.
10 Ketels, Ein bürgerliches Arkadien (s. Anm. 1), S. 137.
11 Landesdenkmalamt Berlin, Villengruppe Am Sandwerder, in: https://denkmaldatenbank.berlin.de/, Obj.-Dok.-Nr. 09075451.
12 Boris Buchholz, Sturm über dem Wannsee: Die Bundesbank will ihr Gästehaus zum Kongresszentrum machen – die Anwohner fürchten ein „Strandbad deluxe für Bundesbeamte", in: Tagesspiegel, 16.7.2020, https://leute.tagesspiegel.de/steglitz-zehlendorf/macher/2020/06/11/126514/sturm-ueber-dem-wannsee-die-bundesbank-will-ihr-gaestehaus-zum-kongresszentrum-machen-die-anwohner-fuerchten-ein-strandbad-deluxe-fuer-bundesbeamte/.

Kapitel 4: Die Intellektuellen und die Prominenten

1 George Packer, Die Abwicklung: Eine innere Geschichte des neuen Amerika, Frankfurt am Main 2014; ders., The Quiet German, in: The New Yorker, 24.11.2014, https://www.newyorker.com/magazine/2014/12/01/quiet-german.
2 Monica Black, Deutsche Dämonen: Hexen, Wunderheiler und die Geister der Vergangenheit im Nachkriegsdeutschland, Stuttgart 2021.
3 Dies., Die Kakteen von Wannsee, in: Zeitschrift für Ideengeschichte, Heft VXII/2: Wannsee (Sommer 2023), S. 5–10, hier S. 10.
4 Zitiert nach: Karla Bilang, Literarisches Colloquium, in: Helmut Engel u. a. (Hg.), Zehlendorf (Geschichtslandschaft Berlin, Bd. 4), Berlin 1992, S. 528–543, hier S. 532.
5 Ebd.

6 Ebd., S. 533.
7 Thomas Geiger, Das Literarische Colloquium: Ein Haus am See für die ganze Welt der Literatur, in: 5plus Magazin, Nr. 17 (2017), S. 78–83.
8 Anke Klare/Jens Bisky/Jan Bürger, Kleist: Tod am Wannsee, in: Zeitschrift für Ideengeschichte, Heft VXII/2: Wannsee (Sommer 2023), S. 83–96, hier S. 94.
9 Zitiert nach: Ebd.
10 Ebd., S. 93.
11 Ebd., S. 96.
12 Zitiert nach: Rüdiger Reitmeier, Eheglück: Traumpaare am Wannsee, in: Burkhardt Sonnenstuhl (Hg.), Prominente in Berlin-Wannsee, Berlin 2009, S. 84.
13 Ebd.
14 Gunnar Müller-Waldeck, Der Eiserne Gustav: Die Geschichte des legendären Droschkenkutschers Gustav Hartmann, Berlin 2008.
15 Zitiert nach: Herbert Günther (Hg.), Hier schreibt Berlin: Eine Anthologie von heute, Berlin 1929, abrufbar unter https://www.diegeschichteberlins.de/geschichteberlins/persoenlichkeiten/persoenlichkeiteag/411-eiserner-gustav.html.
16 Das schönste Paar am Wannsee, in: Gala, 1.10.2008.

Kapitel 5: Das Wasser

1 Rolf Bähr, Logbuch 1867–2017: Chronik. Verein Seglerhaus am Wannsee, Berlin 2017, S. 11.
2 Der Berliner Ruder-Club in Kürze, in: https://www.berliner-ruder-club.de/index.php?option=com_content&view=article&id=114&Itemid=130.
3 Jürgen Dettbarrn-Reggentin, Strandbad Wannsee: Badgeschichte aus achtzig Jahren, Berlin 1987, S. 8.
4 Zitiert nach: Claudius Seidl, Wir vom Sommer 1929: Kleiner prosaischer Schwenk durch „Menschen am Sonntag“, in: Zeitschrift für Ideengeschichte, Heft VXII/2: Wannsee (Sommer 2023), S. 97–104, hier S. 99.
5 Dettbarrn-Reggentin, Strandbad Wannsee (s. Anm. 3), S. 37.
6 Michael Krüger, Das Strandbad, Hamburg 2022, S. 14ff.
7 Gerhard Bracke, Melitta Gräfin Stauffenberg: Das Leben einer Fliegerin, München 2018, 2. Auflage, S. 173.

Kapitel 6: Die dunkle Seite

[1] Bundeszentrale für politische Bildung, Die Wannseekonferenz, 19.1.2022, https://www.bpb.de/kurz-knapp/hintergrund-aktuell/240926/die-wannseekonferenz/.
[2] Der Tagesspiegel, 16.10.1966.
[3] Zitiert nach: Ständige Ausstellung der Gedenk- und Bildungsstätte Haus der Wannsee-Konferenz (GHWK), Tafel 801 (Stand November 2023).
[4] Dirk Jordan, Lucie Strewe: Eine stille Heldin, in: Zehlendorfer Chronik, Heft 22, Berlin 2022, S. 28.
[5] Der Plan für das „Haus der Endlösung", in: Der Tagesspiegel, 16.10.1966.
[6] Welt am Sonntag, 5.11.1967, zitiert nach: Ständige Ausstellung der GHWK, Tafel 804.
[7] Zitiert nach: ebd., Tafel 804.
[8] National- und Soldatenzeitung, 6.1.1967, zitiert nach: ebd., Tafel 803.
[9] Die Welt, 3.9.1966. Zitiert nach: ebd., Tafel 802.
[10] Zitiert nach: ebd., Tafel 801. Siehe zu Joseph Wulf auch Klaus Kempter, Joseph Wulf: Ein Historikerschicksal in Deutschland, Göttingen 2012.
[11] Aktives Museum, Broschüre zur Sonderausstellung „Ausgeblendet: Der Umgang mit NS-Täterorten in West-Berlin", Berlin 2020, S. 6.
[12] Ebd., S. 2.
[13] German Leaders Stay Away From Wannsee Villa Opening, in: Jewish Chronicle, 24.1.1992.
[14] Wege des entdeckenden Lernens, in: Jüdische Wochenzeitung, 9.7.1992.
[15] Wolf-Sören Treusch, Vom Villengrundstück zum Urwald: NS-Enteignung in Berlin, in: Deutschlandfunk Kultur, 2.9.2022, https://www.deutschlandfunkkultur.de/vom-villengrundstueck-zum-urwald-die-geschichte-einer-ns-enteignung-in-berlin-dlf-kultur-5706b355–100.html.
[16] BVV Steglitz-Zehlendorf, Schriftliche Antwort 153/VI, 30.6.2023.
[17] Katharina Concu, Pressemitteilung der FDP-Fraktion BVV Steglitz-Zehlendorf, 17.7.2023.
[18] Ebd.
[19] Treusch, Vom Villengrundstück zum Urwald.

Kapitel 7: Die Inseln

[1] Aktives Museum Faschismus und Widerstand in Berlin (Hg.), Insel Schwanenwerder, Berlin 2013, S. 6.

[2] Janin Reif/Horst Schumacher/Lothar Uebel, Schwanenwerder: Ein Inselparadies in Berlin, Berlin 2000, S. 24.
[3] Ebd., S. 11.
[4] Vgl. Heike Stange, Familie Sobernheim und das „Haus Waltrud" auf Schwanenwerder, Berlin 2015, S. 21 ff.
[5] Zitiert nach: ebd., S. 26.
[6] Aktives Museum, Insel Schwanenwerder (s. Anm. 1), S. 11 f.
[7] Ebd., S. 12.
[8] Roland Curth, Insel Schwanenwerder, in: Helmut Engel u.a. (Hg.), Zehlendorf (Geschichtslandschaft Berlin, Bd. 4), Berlin 1992, S. 412–429, hier S. 412.
[9] Boris Chavkin, Alexander Parvus: Financier der Weltrevolution, in: Forum für osteuropäische Ideen- und Zeitgeschichte 11 (2007) 2, S. 31–58.
[10] Stange, Familie Sobernheim (s. Anm. 4), S. 38 ff.
[11] Konrad Haenisch, Parvus: Ein Blatt der Erinnerung, Berlin 1925.
[12] Zitiert nach: Harold James, Die Deutsche Bank im Dritten Reich, München 2003, S. 48.
[13] Zitiert nach: Curth, Insel Schwanenwerder (s. Anm. 8), S. 421.
[14] Rüdiger Reitmeier, Eheglück: Traumpaare am Wannsee, in: Burkhardt Sonnenstuhl (Hg.), Prominente in Berlin-Wannsee, Berlin 2009, S. 84.
[15] Zitiert nach: Philip Cassier, Heinz Rühmann: Er paktierte mit Goebbels – und galt trotzdem als Menschenfreund, in: Die Welt, 16.12.2022, https://www.welt.de/geschichte/article242705919/Heinz-Ruehmann-Er-paktierte-mit-Goebbels-und-galt-trotzdem-als-human.html.
[16] Andreas Conrad, Ein Inselparadies in Berlin: „Glück, wie wandelbar bist du", in: Tagesspiegel, 28.2.2001, https://www.tagesspiegel.de/berlin/ein-inselparadies-in-berlin-gluck-wie-wandelbar-bist-du-767116.html.
[17] Peter von Becker, Hier lebten Joseph Goebbels und Axel Springer: Ein Rundgang über Schwanenwerder, in: Tagesspiegel, 17.4.2015, https://www.tagesspiegel.de/berlin/ein-rundgang-uber-schwanenwerder-4407697.html.
[18] Lothar Uebel, Die Familie des Polizeimajors Erwin Schertz, in: Reif/Schumacher/ders., Schwanenwerder (s. Anm. 2), S. 125–129, hier S. 126.
[19] Ebd., S. 127.
[20] Lothar Uebel, Neue Hoffnung nach Verfall und Stagnation?, in: ebd., S. 135 f.
[21] Lexikalische Angaben zur Bau-, Garten- und Sozialgeschichte sämtlicher Anwesen, in: ebd., S. 217.
[22] Ben Witter, Spaziergang mit Axel Springer am Wannsee, in: Die Zeit, 8.12.1967 (gekürzter Nachdruck, 3.6.2023: https://www.zeit.de/2023/24/axel-springer-ben-witter-portrait).

[23] Katrin Lange, Geheimnisvolle Mega-Villa spaltet Schwanenwerder, in: Berliner Morgenpost, 20.6.2009, https://www.morgenpost.de/berlin/article104236508/Geheimnisvolle-Mega-Villa-spaltet-Schwanenwerder.html.
[24] Ulrich Wyrwa, Die Pfaueninsel, in: Helmut Engel u.a. (Hg.), Zehlendorf (Geschichtslandschaft Berlin, Bd. 4), Berlin 1992, S. 478–494, hier S. 481 ff.
[25] Zitiert nach: Manfred Stoffregen-Büller, Uferblicke: Geschichten rund um den Wannsee, Weilerswist-Metternich 2019, S. 171.
[26] Hubert Winkels, Im Paradies die Monster, in: Die Zeit, 28.8.2014, https://www.zeit.de/2014/36/pfaueninsel-thomas-hettche-roman/komplettansicht.
[27] Manfred Stoffregen-Büller, Uferblicke (s. Anm. 25), S. 173 ff.
[28] Walter Benjamin, Berliner Kindheit um neunzehnhundert, 13. Auflage, Frankfurt am Main 1998, S. 46.
[29] Wyrwa, Die Pfaueninsel (s. Anm. 24), S. 492.
[30] Wolf Jobst Siedler, Auf der Pfaueninsel: Spaziergänge in Preußens Arkadien, Neuausgabe Berlin 1992, S. 112 ff.
[31] Ebd., S. 109
[32] Die rbb Reporter, Winter am Wannsee, in: rbb-Fernsehen, 11.12.2023.
[33] Siedler, Auf der Pfaueninsel (s. Anm. 30), S. 116.

Kapitel 8: Die Musik

[1] Matthias Oloew, Schüsse am Wannsee, in: Der Tagesspiegel, 30.4.2007.
[2] Ebd.

Kapitel 9: Die Grenze

[1] Peter Degener, Potsdamer Konferenz: Historischer Fehler nach 70 Jahren entdeckt, in: Märkische Allgemeine, 31.7.2015, https://www.maz-online.de/lokales/potsdam/historischer-fehler-nach-70-jahren-entdeckt-K7V57H2H2PWJ7QDFNR2C6IUTJ4.html.
[2] Achtung Grenze: Das Sperrgebiet der DDR, 1961–1989, www.grenze-potsdam.de, Unterpunkt Fluchten.
[3] Heinrich Kaak, Die Glienicker Brücke, in: Helmut Engel u.a. (Hg.), Zehlendorf (Geschichtslandschaft Berlin, Bd. 4), Berlin 1992, S. 447–459, hier S. 456.
[4] Norbert F. Pötzl, Mission Freiheit: Wolfgang Vogel, München 2014, S. 396.

[5] Ebd., S. 398.
[6] Zitiert nach: Kaak, Die Glienicker Brücke (s. Anm. 3), S. 458.
[7] Hedwig Richter, Sacrow, mon amour: Die Heilandskirche als Herrschaftsprogramm, in: Zeitschrift für Ideengeschichte, Heft VXII/2: Wannsee (Sommer 2023), S. 46–50, hier S. 47.
[8] Ebd., S. 49.
[9] Andreas Kitschke, Die Sacrower Heilandskirche, hrsg. v. Ars Sacrow e. V., Potsdam 2014, S. 17.
[10] Zitiert nach: ebd., S. 20.
[11] Zitiert nach: ebd., S. 18.
[12] Peter Richter, Neues aus Arkadien: Hanns Zischler und die Heilandskirche von Sacrow, in: Süddeutsche Zeitung, 19./20. August 2023, S. 15.
[13] Martin Ahrends, Grenzgang: Wanderung durchs Niemandsland, in: Chronik der Mauer, https://www.chronik-der-mauer.de/grenze/174953/grenzgang.
[14] Jens Arndt, Glienicke: Vom Schweizerdorf zum Sperrgebiet, Berlin 2009, S. 132.
[15] Michael Zajonz, Ost-Enklave im Westen: Klein-Glienicke. Der Blinddarm der DDR, in: Tagesspiegel, 13. 8. 2009, https://www.tagesspiegel.de/kultur/klein-glienicke-der-blinddarm-der-ddr-6524206.html.

Kapitel 10: Die Ufer der Geschichte

[1] Robert Harris, Fatherland, London 1992. Deutscher Titel: Vaterland. Hier zitiert nach der deutschen Taschenbuchausgabe, 5. Auflage, München 2017, S. 11.
[2] Ebd., S. 29 f.
[3] Mitch Epstein, Berlin, Göttingen 2011, zitiert aus dem Vorwort.
[4] Michael Krüger, Das Strandbad, Hamburg 2022, S. 8 ff.
[5] Frank Schirrmacher, Das Methusalem-Komplott, München 2004, S. 199.
[6] Michael Jürgs, Der Fall Axel Springer: Eine deutsche Biographie, München 1995, S. 308.
[7] Harris, Vaterland (s. Anm. 1), S. 30.

Ausgewählte Literatur

Georg Brasch (Hg.), Das Wannseebuch, unveränderter Nachdruck des Originals von 1926, Edition Galerie Mutter Fourage, Berlin 2010.

Udo Dittfurth/Michael Braun, Die elektrische Wannseebahn, Berlin 2004.

Theodor Fontane, Wanderungen durch die Mark Brandenburg, Dritter Teil: Havelland, Köln 2019.

Helmut Engel u. a. (Hg.), Zehlendorf (Geschichtslandschaft Berlin, Bd. 4), Berlin 1992.

Robert Harris, Vaterland. Deutsche Taschenbuchausgabe, 5. Auflage, München 2017.

Michael Haupt (Hg.): Villencolonie Alsen am Großen Wannsee. Begleitband zur Ausstellung in der Gedenk- und Bildungsstätte Haus der Wannseekonferenz, Berlin 2012.

Thomas Hettche, Pfaueninsel. Roman, Köln 2014.

Michael Jürgs, Der Fall Axel Springer: Eine deutsche Biographie, München 1995.

Jens-Peter Ketels, Ein bürgerliches Arkadien in Wannsee, Berlin 2022.

Michael Krüger, Das Strandbad, Hamburg 2022.

Gunnar Müller-Waldeck, Der Eiserne Gustav: Die Geschichte des legendären Droschkenkutschers Gustav Hartmann, Berlin 2008.

Janin Reif/Horst Schumacher/Lothar Uebel, Schwanenwerder: Ein Inselparadies in Berlin, Berlin 2000.

Wolf Jobst Siedler, Auf der Pfaueninsel: Spaziergänge in Preußens Arkadien, Neuausgabe Berlin 1992.

Burkhard Sonnenstuhl (Hg.), Prominente in Berlin-Wannsee und ihre Geschichten, 2. Auflage Berlin 2009.

Heike Stange, Familie Sobernheim und das „Haus Waltrud" auf Schwanenwerder, Berlin 2015.

Michael Stoffregen-Büller, Uferblicke: Geschichten rund um den Wannsee, Weilerswist-Metternich, Neuauflage 2019.

Zeitschrift für Ideengeschichte, Heft VXII/2: Wannsee (Sommer 2023).

Bildnachweis

Karte: © Peter Palm, Berlin
S. 11: © mauritius images / Imagebroker
S. 27: © mauritius images / Quagga Media / Alamy / Alamy Stock Photos
S. 31: © Z thomas via wikimedia (https://commons.wikimedia.org/wiki/File:Alter_Friedhof_Wannsee_Philipp_Franck3.jpg): CC BY-SA 4.0 Deed – https://creativecommons.org/licenses/by-sa/4.0/deed.en
S. 41: © Sammlung Ketels
S. 45: © Archiv Heimatmuseum Zehlendorf
S. 46: © Manfred Brueckels via wikimedia (https://commons.wikimedia.org/wiki/File:Heckeshorn_Flensburger_Loewe_1.jpg): CC BY-SA 3.0 Deed – https://creativecommons.org/licenses/by-sa/3.0/deed.en
S. 48: © Landesarchiv Berlin, F Rep. 290/37632, Fotograf: Bert Sass
S. 54: © Fridolin freudenfett (Peter Kuley) via wikimedia (https://commons.wikimedia.org/wiki/File:Wannsee_Am_Gro%C3%9Fen_Wannsee_Villa_Herz.JPG): CC BY-SA 3.0 Deed – https://creativecommons.org/licenses/by-sa/3.0/deed.en
S. 56: © Jean-Pierre Dalbéra via wikimedia (https://commons.wikimedia.org/wiki/File:La_villa_de_Max_Liebermann_(Wannsee,_Berlin)_(6335933400).jpg): CC BY-SA 2.0 Deed – https://creativecommons.org/licenses/by/2.0/deed.en
S. 69: © Times via wikimedia (https://commons.wikimedia.org/wiki/File:American_Academy_Berlin_(cropped).jpg): CC BY-SA 3.0 Deed – https://creativecommons.org/licenses/by-sa/3.0/deed.en
S. 74: © Tobias Bohm
S. 79: © mauritius images / Bildagentur-online / Alamy / Alamy Stock Photos
S. 81: © bpk / Digne Meller Marcovicz
S. 83: © akg-images / TT News Agency / SVT
S. 87: © akg-images / Hans Schaller
S. 93: © Dr. Karl-Heinz Hochhaus via wikimedia (https://commons.wikimedia.org/wiki/File:2019_09_18_Berlin-Wannsee,_Verein_Seglerhaus_-_Clubhaus_IMG_7377.jpg): CC BY-SA 3.0 Deed – https://creativecommons.org/licenses/by/3.0/deed.en
S. 98: © mauritius images / The Picture Art Collection / Alamy / Alamy Stock Photos
S. 99: © mauritius images / Catharina Lux

S. 103: © Christine Kisorsy
S. 105: © Holger Schmale
S. 109: © Andreas Köhler, Langenhagen – www.fotosvonunterwegs.de
S. 110: © privat
S. 111: © bpk
S. 113: © GHWK Berlin, Fotograf: Michael Haupt
S. 114: Foto aus Broschüre Landschulheim Neukölln, Am Großen Wannsee 56/58, hg. vom Bezirksamt Neukölln, Berlin 1953 (mit freundlicher Genehmigung der GHWK Berlin)
S. 115: © AdsD/FES, Sign. 6/FOTA127745
S. 117: © bpk
S. 130: © privat
S. 131: © OTFW, Berlin via wikimedia (https://commons.wikimedia.org/wiki/File:Denkmal_Inselstr_8_(Nikol)_Tuilerien_S%C3%A4ule.jpg): CC BY-SA 3.0 Deed – https://creativecommons.org/licenses/by-sa/3.0/deed.en
S. 132: © Brandenburgisches Landeshauptarchiv (BLHA), Rep. 27B Potsdam Nr. 274
S. 135: © privat, Quelle: Archiv Heimatmuseum Zehlendorf
S. 142: © akg-images / brandstaetter images
S. 144: © picture alliance / ullstein bild | Peter Weller
S. 145: © Georg Schertz
S. 153: © Fridolin freudenfett (Peter Kuley) via wikimedia (https://commons.wikimedia.org/wiki/File:Schwanenwerder_Villa-1.JPG): CC BY-SA 3.0 Deed – https://creativecommons.org/licenses/by-sa/3.0/deed.en – Planung durch Architekturbüro Graft
S. 156: © mauritius images / Hubertus Blume / Alamy / Alamy Stock Photos
S. 159: © mauritius images / Alfred Sonsalla / Alamy / Alamy Stock Photos
S. 163: © mauritius images / The Picture Art Collection / Alamy / Alamy Stock Photos
S. 170: © mauritius images / Alamy / Alamy Stock Photos
S. 182: © picture alliance / dpa | Guido Bergmann
S. 187: © picture alliance / AP Images | Heribert Proepper
S. 191: © IMAGO / Rainer Weisflog
S. 196: © Markus Lenz
S. 198: © BStU, Ast. Potsdam, AU 1201/75, Bd. 1
S. 209: © Jochen Arntz

Danksagung

Wir danken Richard Whittle für seinen Anstoß. Wolfgang Immenhausen und Georg Schertz für ihre weiten Blicke auf den See. Ursula Kunath für die uns gewährten Einsichten in die Archivalien des Wannsees. Wir gedenken Joseph Wulfs, der nicht vergessen konnte.